궁금하지만
물어보기엔 애매한
학교도서관 이야기

궁금하지만
물어보기엔 애매한
학교도서관 이야기

황왕용 임정훈
구혜진 김주애

학교
도서관
저널

머리말

저는 2008년에 사서교사가 되었습니다. 제가 처음 발령을 받고 학교에 갔을 때 전 교직원 회의가 진행되었습니다. 선생님들이 과목별로 인사를 했는데, 한 선생님이 저에 대해 이렇게 말하더군요. "사서교사? 그게 뭐여? 수업을 해야 교사지. 하여간 별의별 놈들이 다 들어오는구먼." 교사가 되었는데, 시작하기도 전에 흔들렸지요. 마음이 많이 아팠습니다. 하소연할 곳이 없어서 혼자 감내해야 했습니다.

그로부터 10년이 넘는 시간이 흘렀습니다. 사서교사의 존재와 역할에 대한 교사들의 부족한 인식으로 겪게 되는 곤란함은 표면적으로 사라졌지만, 여전히 사서교사가 학교에서 마주하는 어려움은 많습니다. 저는 학교도서관 관련 연수에서 강의를 하곤 하는데, 이때 다양한 질문이 쏟아집니다. 학교도서관을 담당하는 선생님들은 학생, 수업, 예산, 프로그램, 동료 교사, 책, 행정 등에 대해 많은 고민을 갖고 있습니다. 사서교사들의 단톡방에는 일주일에 2~3개 질문이 꾸준히 올라옵니다. 누군가 시켜서 하는 일에 대한 질문도 있고, 학생들에게 새로운 배움을 전하기 위한 꿈틀거리는 질문도 있습니다.

생각해 보니 저는 15년 넘게 어려움이나 질문이 생기면 혼자 해결하려 했던 것 같습니다. 그래서 해결이 되었냐고요? 잘 모르겠습니다. 신규 교사 때 겪었던 일 이후로 저는 책, 논문, 인터넷을 찾아보며 자료를 축적하고, 저만의 자료를 만들어서 학생들과 함께했습니다. 그때의 기억이 떠오르네요. 그때는 제가 대학에서 배운 내용이 학생들과의 만남에 별로 도움이 되지 않았습니다. 당시에 학생들과 어떻게 지내고, 학생들에게 무엇을 가르쳐야 하는지 방향을 잡기도 어려웠습니다. 수업에서 학생과 만나는 시간도, 부장에게 일방적인 업무 지시를 받는 일도 어려운 일이었지요. 저는 학교도서관에서 점점 움츠러들었습니다. 그렇게 연말이 되었고, 학교를 그만두는 것에 대해 고민을 하고 있는데 편지 한 통을 받았습니다. 일 년을 같이 지낸 도서부 학생의 편지였습니다.

"선생님, 제 꿈은 사서교사였습니다. 제가 만난 최초의 사서선생님이 선생님입니다. 정말 죄송하지만 꿈이 혼란스러워집니다. 선생님 때문만은 아니지만, 그래도 선생님 영향이 큽니다. 선생님을 보면 사서교사라는 직업이 재미없게 느껴집니다. 매일 공문서 처리하느라 바쁘신 선생님, 학교 행사 사진 찍으러 다니시는 선생님. 제가 감히 이렇게 편지를 써서 죄송합니다. 어쨌든 선생님, 힘을 내주세요. 그래야 '사서교사'라는 제 꿈을 지킬 수 있을 거 같아요."

편지를 받고 얼굴이 홧홧하게 달아올랐습니다. 누가 볼까 봐 무서워서 얼른 편지를 찢어버렸습니다. 겨울방학이 되자 학교를 그만두고 싶다는 생각이 들었습니다. 가끔은 제가 힘을 내야 그 학생의 꿈을 지킬 수 있을 것 같다는 목소리가 귓가에 맴돌기도 했지만, 그 정도 목소리는 금방 걷어차 버릴 수 있었습니다. 2월 개학날이 되었고, 저는 사직서를 들고 출근했습니다. 도서관에서 마지막 고민을 하는데, 제게 편지를 썼던 그 학생이 목캔디를 들고 도서관에 찾아왔습니다.

"선생님, 매일 도서관 먼지 때문에 목 아프다고 하셨잖아요? 그래서 드시라고 사 왔어요."

그 학생은 더 이상 말이 없었습니다. 그리고 도서관을 빠져나갔습니다. 저는 목캔디 하나를 까먹으면서 왈칵 눈물을 쏟았습니다. 한참을 울고 나서 목캔디 포장지와 사직서를 쓰레기통에 버렸습니다. 타인을 원망하던 못난 마음도 함께 버렸고, 타인의 시선에 자유롭지 못한 나약함과 무능함도 버리려고 여전히 노력 중입니다.

이러한 과정 중에 현실적인 제약을 어떻게 극복할 수 있을까에 대한 고민, 학교도서관에서 일하면서 생긴 의문, 함께 학교도서관에서 일하는 동료들이 남긴 질문들을 〈한겨레신문〉, 〈오마이뉴스〉, 〈학교도서관저널〉 등에 글로 남기기도 했습니다. 그 글들을 다시 읽어 보니 조금 더 현실적인 내용이라면 학교도서관 현장의 누군가에게 도움이 될 수 있겠다는 생각이 들었습니다. 그러면서 더 다양한 관점으로 풀어나가면 좋겠다고 생각했습니다. 그래서 연습장을 펼쳐서 적어 내려갔습니다. 스스로 했던 질문, 연수에서 받은 질문, 단톡방에서 흘러나온 질문…. 100개가 넘는 질문이 쏟아졌습니다. 그중 운영 매뉴얼에서 찾아볼 수 없는 질문들 위주로 골라 몇몇 사서선생님과 토론했습니다. 이런 과정을 거쳐 궁금하지만 물어보기에는 애매한 질문을 추리고, 선후배 동료 교사들과 이야기 나누는 느낌이 들도록 답변을 달았습니다.

초등 사서교사계의 천사 구혜진 선생님, 부족한 논리를 채워줄 임정훈 선생님, 감각적이고 변화에 유연한 김주애 선생님과 함께 질문에 대한 답변을 100일이 넘는 시간 동안 토론하고 기록했습니다. 토론을 하면서 '학교도서관'이라는 공간에서 일하는 사람들이 너무도 다른 생각을 가지고 있다는 점을 알게 되어 놀랐습니다. 놀라움은 당연함으로 바뀌었지요. 학교도서관을 경영하는 사서선생님들의 생각이 다양하다는 점은 다행이었습니다. 저마다 처한 환경과 대하는 학생에 따라 다채로운 색을 가져야 하니까요.

이런 기록을 묶어서 책으로 내놓을 생각을 하니 '고작 네 명의 시선과 경험을 담는 것이 도움이 될까?' 싶기도 했지만, 각자의 경험이나 의견과 관련된 사례와 자료를 구체적으로 제시하면 많은 학교도서관의 선생님들이 현장에서 틈틈이 활용할 수 있지 않을까 싶어서 꼼꼼히 구성했습니다.

이 책은 정답을 기록한 책이 아닙니다. 각각의 학교도서관에서 조금 더 나은 선택을 할 수 있도록 여러분과 토론할 내용을 준비한 책이라고 보면 좋겠습니다. 책을 읽으면서 '학교도서관'이라는 주제로 즐거운 토론 시간을 갖길 바랍니다. 나아가 이 책을 바탕으로 새로운 어젠다나 각 장의 주제에 대해 더 심층적이고 구체적인 논의가 이루어지면 좋겠습니다.

차례

머리말　05
일러두기　14

1. '핫'교도서관 관계

01　도서부 학생들과 친하게 지내고 싶어요.
　　어떻게 하면 되나요?　17

02　도서부 운영이 마음대로 안 되는데, 좋은 방법이
　　없을까요?　20

03　수업 중이나 도서관 프로그램 중, 학생들에게 물질적
　　보상을 하고 나면 마음이 헛헛해지는 경우가 있어요.
　　이럴 때 어떻게 하면 좋을까요?　23

04　도서관에서 개최하는 대회나 프로그램에서 탈락한
　　학생들과 멀어지지 않는 방법이 있을까요?　25

05　수업 시작종이 쳤는데도 도서관을 떠나지 않는 학생이
　　있으면 어떻게 해야 하나요?　28

06　도서관에서 몰래 가방에 책을 집어넣는 학생 발견!
　　이럴 때 대처법을 알려주세요.　31

07　<u>선생님들</u>이 <u>문제</u> 학생(?)을 <u>자꾸</u> 도서관으로 보내요.
　　이런 학생들을 책으로 선도할 수 있을까요?　33

08　사전 연락 없이 불쑥 도서관 활용수업을 하러 오는
　　교사가 있어요. 어떻게 대처하는 게 좋을까요?　35

09　어색하고 낯선 교무실과 행정실의 선생님들과 어떻게
　　안면을 터야 하죠?　38

10　전입한 학교에서 도서부 학생, 학부모 자원봉사자의
　　텃세가 심해요. 어떻게 하면 될까요?　40

11　가까이 있는 타 학교의 도서관선생님과 친해질 수 있는
　　방법이 있나요?　42

2. 슬기로운 도서관 생활

12　"사서선생님도 선생님이에요?"라는 질문을 받았어요.
　　답을 못했어요.　47

13　업무를 하면서 모르는 게 생기면 누구에게 도움을
　　요청해야 할까요?　50

14　학교 업무용 메신저를 잘 쓰는 비법이 있을까요?　52

__15__ 맡은 업무 열심히 했더니, 학교에서 업무를 하나씩 더 얹어 줘요. 일이 버거워지는데, 어떻게 해야 하나요? 55

__16__ 학교에서 부장, 담임을 할 수 있을까요? 58

__17__ 학교를 옮기게 되니 다시 신규 교사가 된 기분입니다. 무엇부터 해야 하나요? 61

__18__ 교생선생님이 좋은 사서선생님이 되고 싶은데 어떻게 하면 되냐고 물어요. 뭐라고 말해 주지요? 65

__19__ 처음 받아본 도서관 민원 전화, 낯설고 어쩔 줄 모르겠어요. 이럴 땐 어떻게 하나요? 67

__20__ 방학인데 학교장은 도서관 개방을 원합니다. 저는 연수도 받고 발전하고 싶은데, 어떻게 해야 하나요? 71

__21__ 방학이 시작되기 전에 잊지 않고 점검해야 할 것은 무엇인가요? 73

3. 학교도서관의 책장

__22__ 질 좋은 수서를 하기 위한 방법이 있을까요? 79

__23__ 수서 회의 구성 방법 및 팁을 알려주세요. 81

__24__ 추천도서 목록은 어떻게 제공하는 게 좋을까요? 83

__25__ 수서에 도움이 될 만한 참고자료가 있을까요? 86

__26__ 정기간행물을 선정하는 합리적이고 효과적인 방법이 있나요? 88

__27__ 교사가 수업에 사용한다고 책을 많이 사달라고 해요. 교사가 원하는 책은 다 사줘야 하나요? 91

__28__ 관리자가 도서 구입을 지시하며 책 몇 권을 주었는데, 책이 기준에 못 미쳐요. 어떻게 해야 할까요? 93

__29__ 왜 도서관에서 만화책을 빌려주냐는 민원에 어떻게 대처하면 좋을까요? 95

__30__ 고등학교 도서관에 왜 그림책이 있냐고 물어요. 뭐라고 답하면 될까요? 97

__31__ 재학생, 졸업생의 도서 연체를 막는 효과적인 방법이 있을까요? 101

__32__ 도서를 구입할 때 DLS에서 복본을 한 권씩 검색하려니 힘들어요. 쉽게 할 수 있는 방법은 없나요? 103

33 폐기를 권장하는 시대, 이 책 정말 버려도 될까요? 108

34 사회적으로 논란이 된 작가의 책이 도서관에 있을 때, 그 책을 검열해야 할까요? 111

4. 탐하고 싶은 도서관 프로그램

35 프로그램 진행할 때 학생들을 주도적으로 움직이게 할 수 있는 방법이 없을까요? 115

36 프로그램 운영 예산이 부족해요. 지원을 받을 수 있는 공모 사업이 있을까요? 119

37 특별한 학교도서관 프로그램을 운영해 보고 싶은데 참고할 만한 내용이 있나요? 122

38 학생들을 도서관으로 불러 모을 수 있는 단기 프로그램 추천해 주세요. 123

39 학생들이 마음속 깊이 만족했던 프로그램 경험을 나눠 주세요. 125

40 작가와의 만남 프로그램 전체 과정이 궁금해요. 128

41 학교 밖 독서캠프, 여행을 기획해야 하는데 어떻게 해야 하나요? 130

42 옆 학교와 함께 연합 프로그램을 운영하고 싶은데, 어떻게 하면 될까요? 133

43 학교도서관 프로그램을 운영하는데 학생들이 참여를 안 해요. 좋은 방법이 없을까요? 135

44 학부모와 함께하는 프로그램을 하려고 하는데 어떻게 하면 될까요? 137

5. 똑똑해지는 도서관 수업

45 사서교사는 어떤 과목을 가르치나요? 141

46 사서교사는 비교과 교사 아닌가요? 수업을 할 수 있나요? 143

47 도서관 이용교육의 팁이 있을까요? 146

48 제 수업도 있고, 협력수업도 하면 수업 시수가 너무 많아지는데 어떻게 해야 하나요? 148

49 협력수업을 처음 시도해 보려고 합니다. 협력수업의 전 과정이 궁금해요! 자세히 알려 주세요. 150

50 수업을 하는데 학생들이 성적에 반영되지 않는다며
　　잘 듣지 않아요. 아이들을 어떻게 사로잡지요? 153
51 학교에서 공개 수업을 하라고 해요. 어떻게 준비해야
　　할까요? 156
52 고등학교 교양 선택과목을 개설할 수도 있나요? 158
53 고등학교 교양 진로선택과목을 개설한 사례가
　　있나요? 160

6. 변하는 도서관, 반하는 도서관

54 학교도서관 재구조화 과정은 어떻고, 체크해야 할
　　요소는 무엇인가요? 163
55 학교도서관 재구조화를 하려고 합니다. 학교도서관
　　공간 기준이 궁금해요. 167
56 학교도서관 재구조화 사업을 진행하게 되었어요.
　　한정된 예산을 효율적으로 활용하려면 어떻게 해야
　　할까요? 170
57 국내외 복합화 시설을 견학하거나 엿보고 싶어요.
　　좋은 사례를 추천해 주세요. 175
58 원하는 도서관의 공간 구성과 디자인이 있는데,
　　관리자와 행정실은 반대합니다. 어떻게 조율해 나가면
　　좋을까요? 177
59 학교도서관 재구조화를 했더니 모든 회의를
　　학교도서관에서 해요. 회의 시간에는 학생들 출입이
　　어려워지는데 어떻게 하지요? 180
60 관계 형성에 유용한 온라인 툴과 사용 예시를
　　알려 주세요. 182
61 온라인 독서토론 수업을 진행할 때 학생들에게 책을
　　어떻게 읽히지요? 185
62 온라인으로 운영하는 독서토론동아리를 오프라인만큼
　　할 수 있을까요? 189
63 학생, 교사, 학부모가 함께할 수 있는 독서 프로그램을
　　비대면으로 운영할 수 있는 방법이 있을까요? 191
64 도서관 소식지를 발행하고 있는데 아이들이 잘 챙겨
　　보지 않아요. 온라인 소식지는 좀 나을까요? 193

일러두기

학교도서관에서 근무하는 선생님들이 많이 하는 질문을 모으고 네 선생님이 머리를 맞대고 답했습니다.

- 정답은 아닙니다. 글을 읽으며 각자의 경험과 고민을 보태길 권합니다.
- QR코드 등 예시 자료를 그대로 써도 좋지만, 각 학교 상황에 맞춰 고민해 보길 바랍니다.
- 4명의 답변이 중복되지 않도록 했기에 전체 중 일부만 담은 내용도 있습니다.

"공감과 소통을 중심에 두고 고민 해결의 실마리를 찾아봤어요."

구혜진 순천 매안초 사서교사

"문제 상황을 다양한 관점으로 바라볼 수 있기를 바랍니다."

김주애 대전은어송중 사서교사

"누구나 한 번쯤은 고민했을 법한 이야기를 담았습니다."

임정훈 대전과학고 사서교사

"토론의 여지가 있는, 생각의 창을 열어 주는, 공감 가는 답변인지 질문하며 여러 번 다듬었습니다."

황왕용 광양 광영고 사서교사

1

'핫'교도서관 관계

신규 교사 연수와 5년 차 이상 교사의 직무 연수를 진행한 적이 있습니다. 강의 전, 멘티미터라는 앱을 이용하여 선생님들에게 질문을 던졌습니다. "현재 직업에 만족한다."라는 질문에 답변은 "Yes: 만족한다."와 "No: 10년 전으로 돌아간다면 다른 직업을 찾아볼 것이다."였습니다. 자신이 드러나지 않는 설문이었기 때문에 선생님들은 비교적 솔직하게 마음을 표현할 수 있었을 것입니다. 여러분은 어떤 선택을 할 것입니까? 결과는 놀라웠습니다. 신규 선생님들은 거의 모두가 "Yes"를 선택했습니다. 이와 달리 5년 차 이상 선생님의 1/3이 "No"를 선택했습니다.

5년 차 이상 선생님들은 왜 이런 선택을 했을까요? 여러 가지 요인이 있겠지만, 그중에는 교사로서 교육관의 부재와 관계의 문제가 있지 않을까 생각합니다. 물론 신규 선생님이 모두 확고한 교육관을 가졌다는 뜻은 아닙니다. 교육관은 평소에는 아무런 쓸모가 없는 것으로 치부될 수도 있습니다. 하지만 학교에서 갈등을 겪고, 학생들을 대하는 일에 지친 교사에게 자신만의 교육철학이 있다면, 그것을 떠올리며 다시 용기를 낼 수 있을 것입니다. 선생님은 어떤 교육철학을 가지고 있나요?

교육관만큼 중요한 것이 인간관계입니다. 한 취업포털에서 실시한 설문조사에 따르면, 직장인들이 이직을 하는 가장 큰 원인이 '대인관계 스트레스'라고 합니다. 교사들에게는 동료 교사, 학생, 학부모, 관리자와의 관계가 어렵습니다. 학교도서관의 선생님들은 어떤 신념으로 학교도서관을 지키고, 어떤 마음으로 학교도서관과 관계하는 사람들과 이어져 있을까에 대한 질문과 답변을 모았습니다.

01

도서부 학생들과
친하게 지내고 싶어요.
어떻게 하면 되나요?

새 학기에 새롭게 도서부를 꾸린다면 초창기에는 도서부와 어색한 사이가 될 수밖에 없어요. 이럴 때 도서부와 친해질 수 있는 저만의 방법을 알려드릴게요.

1단계: 모든 도서부 학생의 학번과 이름을 외웁니다!
학생들과 친해질 수 있는 가장 좋은 방법은 선생님이 자신에 대해 잘 알고 있고 관심이 있다는 걸 학생들에게 보여 주는 거예요. 학생과 마주할 때마다 친근하게 이름을 불러 주고 그 학생에게 관심이 있다는 걸 온몸으로 표현한다면 그 학생은 마음의 문을 열고 다가올 거예요.

2단계: 학기 초에 도서부 모임을 자주 엽니다.

시간이 좀 지났는데 여전히 도서부와 어색한 사이라면 더 자주 만나야 합니다. 학기 초에는 아침, 점심, 방과 후 시간 중 서로 가능한 시간을 정해서 격주에 한 번이라도 도서부 전체 모임을 가지는 걸 추천합니다. 만나서 서로의 관심사에 대해서 이야기하고, 도서관 프로그램에 대해서 아이디어를 내고 계획을 세운다면 사서교사와 도서부의 관계는 물론 도서부 학생끼리도 돈독해지고 더 친밀한 관계를 유지할 수 있을 거예요.

3단계: 도서부 학생들이 도서관에 애정을 가질 수 있도록 1인 1역할을 정해 줍니다.

학생들에게 도서관 운영에 있어서 자신이 중요한 역할을 담당하고 있다는 생각을 들게 하면, 학생들은 도서관에 더욱 애정을 갖게 되고 자연스럽게 사서교사와 친밀해질 거예요. 서가담당부, 도서관청결부, 홍보디자인부 등 다양한 부서를 만들고, 모든 학생에게 저마다 할 수 있는 역할을 맡겨 보세요. 그러면 도서관을 더욱 효율적으로 운영할 수 있는 건 물론이고, 학생들과 끈끈한 관계를 유지할 수 있게 될 거예요.

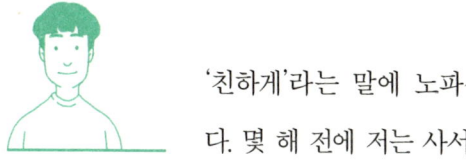

'친하게'라는 말에 노파심이 생겨서 전합니다. 몇 해 전에 저는 사서교사로서 도서부 학생들과 허물없이 친하게 지냈습니다. 학생들과 외식도 하고, 캠프도 떠났지요. 도서부 학생만 참가할 수 있는 캠프를 만들어서 다른 학생들의 불만을 듣기도 했습니다. 그해에 도서관이 도서부 학생만을 위한 공간처럼 운영이 되어서 고민을 하지 않을 수 없었습니다. 도서부 학생들과 너무 친했기 때문에 생긴 문제라고 판단했습니다.

그래서 도서부 학생들과 너무 허물없이 지내면 안 된다는 말을 전하고 싶어요. 교사의 권위를 유지하면서도 친하게 지내는 일, 그 선을 지키면서 학생들과 지내면 좋겠습니다. 교사의 권위는 '나눔'에서 생깁니다. 경험, 지식, 음식을 나누면서 권위가 생길 수 있습니다. 어색한 분위기를 깨뜨리고 친하게 지내는 면은 '함께'에서 생깁니다. '함께'는 도서부를 중심으로 여러 학생과 함께하는 일입니다. 그렇게 되면 도서부 학생도 '나눔'을 실천하면서 선순환할 수 있지요. '함께'와 '나눔'으로 지속 가능한 인연을 만들고, 더 건강한 도서관을 운영하면 좋겠습니다.

02 도서부 운영이 마음대로 안 되는데, 좋은 방법이 없을까요?

도서부는 대출반납 업무 지원, 환경 개선, 독서 프로그램 홍보 등 학교도서관 운영 시 필요한 다양한 활동을 지원합니다. 학생이 도서부 활동에 참여하려면 본인의 시간을 할애해야 하기 때문에 학교도서관에 대한 애정이 없으면 지속적인 참여가 불가능합니다. 따라서 도서부에게 학교도서관에 대한 주인의식과 동아리에 대한 애정이 생기도록 분위기를 조성할 필요가 있습니다. 그러려면 무엇보다 자주 만나야 하고, 대화도 깊이 나누어야 합니다. 때로는 선생님의 열 마디 말보다 한 번 지갑을 여는 게 더 효과적일 때도 있겠죠?

선생님의 역할은 학생들을 리드하는 게 아니라 학생들을 뒤에서 도와주는 조력자라고 생각합니다. 처음부터 내 마음에 쏙 드는 동아리 운영을 하는 건 불가능합니다. 먼저, 다양한 소통의 기회를 만들고 학생들과 함께하세요. 그 과정에서 시행착오와 실패를 경험하세요. 오늘 선생님의 경험이 내일 값진 결과로 돌아올 것입니다.

저는 3개의 동아리를 지도하고 있습니다. 순수하게 도서관 봉사활동만 하는 도서부 '독도', 학교의 독서활동을 주도하는 '맑음', 학교 소식지와 웹진을 발간하는 '아람'입니다. 세 동아리 모두 학교도서관을 터전으로 합니다. 지속가능한 도서부 모임에 대해 고민하다가 학생들이 원하는 것을 충족시키기 위해서 동아리를 나눴습니다. 학생들은 하나의 동아리에서 여러 가지 역할이 존재하면 대체로 만족하는 편이지만, 몇몇 학생들은 자기가 원하지 않는 역할을 맡는 게 불편해서 동아리를 탈퇴하기도 합니다. 원치 않는 역할을 맡기지 않더라도 부담스러워합니다. 이런 학생들을 고려하여 동아리를 나누되 여러 활동을 하고 싶은 학생들은 여러 동아리에 참여할 수 있는 구조로 바꿨습니다. 그렇게 했더니 중도에 그만두는 학생이 없어졌습니다. 한 동아리에서 역할을 배분하고 각자 역할을 잘 수행하도록 이끌어 나가면 좋겠지만, 저에게 그런 능력은 없었습니다. 방점은 동아리를 나누는 일이 아니라 학생의 성향이나 준비도 등을 고려하는 것에 있습니다.

도서부를 운영하는 데 있어서 필요한 규칙을 제정하기 위해 학기 초에 도서부 아이들과 전체 회의를 실시했습니다. 도서부의 역할 중 대출 반납, 도서정리 등 큰 테두리와 관련된 규칙은 제가 대략 정해서 학생들에게 안내해 주고, 그 외에 1인 1역할, 담당 요일, 학교도서관 규칙 등은 학생들이 논의하여 정할 수 있도록 했습니다. 이때 모든 사람이 동의해야 규칙을 만들 수 있다고 안내하고, 그 규칙에 반대하는 사람이 있다면 그 사람을 논리적으로 설득해야 한다고 안내했더니, 서로가 만족할 만한 규칙을 만들어내더라고요. 제가 모든 걸 정해서 알려 주는 것보다 학생들과 함께 규칙을 정할 때 학생들이 그 규칙을 더 잘 지키려는 모습을 보였습니다. 이렇게 되었을 때 도서부가 신뢰라는 테두리 안에서 건강하게 운영될 수 있지 않을까 생각합니다.

03

수업 중이나 도서관 프로그램 중, 학생들에게 물질적 보상을 하고 나면 마음이 헛헛해지는 경우가 있어요.
이럴 때 어떻게 하면 좋을까요?

학생들의 참여를 유도하기 위해 수업 중이나 도서관 프로그램 진행 중에 물질적 보상을 하곤 합니다. 프로그램에 별 관심이 없는 아이들이 선물이나 상품 이야기를 들으면 적극적으로 참여하기도 하지요. 물질적 보상은 학생들의 즉각적인 반응을 나타나게 하는 동기 유발의 효과적인 방법이 될 수 있습니다. 하지만 물질적 보상이 주가 되면, 학생들은 보상이 없는 활동에 시큰둥해지거나 무관심한 태도를 보일 수 있습니다. 이런 아이들의 모습에 교사는 마음이 헛헛해질 수도 있을 것 같아요. 이러한 점을 보완하기 위해 물질적 보상과 정서적 보상을 적절히 활용하면서, 물질적 보상의 횟수를 점차 줄여나가면 어떨까요? 정서적 보상을 통해 교사와의 관계에서 신뢰감과 친근감을 형성하게 되면 학생들은 활동에 더욱 긍정적으로 참여하게 될 것입니다. 학생들이 보상이 있어서 열심히 하는 것이 아니라, 칭찬과 격려를 통해 참여하는 과정 자체를 스스로 즐길 수 있으리라 생각합니다. 거기에 가끔 물질적 보상이 더해진다면 아이들은 그것을 당연한 것이 아닌 커다란 선물처럼 느끼게 될 거예요.

 선생님이 학생들에게 선물을 주고 난 후의 마음이 학생들에게 그대로 전달될 것입니다. '이거 줬으니 이제 됐어.'라는 마음이 조금이라도 생긴다면 학생들도 같은 마음일 것입니다. 진심으로 칭찬하는 마음을 담아 주면 좋습니다. 그리고 학생들에게 거래적인 느낌으로 선물을 주지 마십시오. '이거 하면 이거 준다.' 상업적인 광고의 느낌이지요? 실제로 컨설팅하러 간 어느 학교에서 이런 포스터를 본 적이 있습니다. 이렇게 하면 아이들은 많이 모일지도 모르겠으나, 과정은 오간 데 없이 거래만 남을 가능성이 높습니다. 본래의 의미가 무색하지 않게 지혜를 발휘해 보세요. 학생들도 진심으로 다가올 것입니다.

04 도서관에서 개최하는
대회나 프로그램에서 탈락한
학생들과 멀어지지 않는
방법이 있을까요?

먼저, 탈락한 학생의 서운한 마음에 공감해 주면 좋겠어요. 그 학생에게 "이번엔 네가 함께하지 못해서 선생님도 무척 아쉽구나. 다음 프로그램 진행할 때 꼭 다시 신청해 줘. 그땐 꼭 함께하면 좋겠다."라고 말을 건네면, 학생은 선생님이 자신의 마음을 이해해 주었다는 생각에 서운한 마음을 조금은 풀지 않을까요?

그리고 프로그램에 탈락한 학생들의 명단을 따로 정리해 두었다가, 새로운 대회나 프로그램이 구체적으로 준비되었을 때 그 학생들에게 한 번 더 안내해 주세요. 그러면 학생들은 배려를 받았다고 느끼고, 앞으로 학교도서관에서 운영하는 프로그램에 더 적극적으로 참여할 거예요.

탈락한 학생들이 억울한 마음을 갖지 않도록 대회나 프로그램 모집 요강이 정확해야 합니다. 대회라면 심사 기준을 명확히 하고, 프로그램이라면 선발 기준을 명확히 해야겠지요. 그리고 프로그램 참여 모집 결과가 나오면 왜 선발이 되었는지, 왜 떨어졌는지에 대해 모두가 납득할 수 있을 만한 '심사평'이나 '선발 과정' 등을 써서 공개합니다.

내용은 크게 4가지로 구성하면 좋습니다. 글쓰기 대회를 예시로 들면, 대회의 취지와 기준을 상기시키는 내용, 대회에 참여한 학생들이 제출한 글의 전반적인 흐름, 다소 아쉬웠던 점, 상을 받게 되는 학생들이 어떻게 잘 썼는지 알려주는 내용으로 구성하면 좋습니다. 이렇게 하면 탈락한 학생들이 감사하다는 인사를 전하러 도서관에 오기도 합니다.

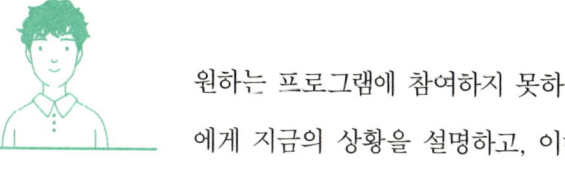
원하는 프로그램에 참여하지 못하는 학생들에게 지금의 상황을 설명하고, 이해를 구하는 것이 좋습니다. 교사의 따뜻한 말과 행동이 학생들의 아쉬운 마음을 조금은 보듬어 줄 것입니다. 그리고 추후 새로운 프로그램을 개설하게 되면, 이전에 참여하지 못한 학생들에게 우선권을 부여하여 다양한 학생들에게 참여 기회를 보장해 주는 것이 좋습니다. 학생들은 사소한 것에도 마음의 상처를 입기도 하므로, 프로그램을 기획할 때는 작은 부분까지 배려하는 고민이 필요합니다. 혹시 예산에 여유가 있다면 참여하지 못한 학생들에게 작은 간식이라도 제공하는 것이 좋습니다.

05 　수업 시작종이 쳤는데도
　　　 도서관을 떠나지 않는 학생이
　　　 있으면 어떻게 해야 하나요?

초등학교 도서관에서는 수업이 시작되었는데도 불구하고 도서관에 남아 있는 아이들이 종종 있습니다. 책 속 이야기에 푹 빠져 있는 아이도 있고, 장난삼아 서가 사이에 숨어 있다가 갑자기 나타나서 깜짝 놀라게 하는 아이도 있답니다. 이전 시간에 친구와 삐걱거림이 있어서 속상한 마음에 일부러 수업에 늦는 아이도 있지요.

이런 학생을 보면 우선 학급에 전화해서 담임선생님에게 상황을 얘기하고, 곧 교실로 보내겠다고 합니다. 학생에게는 책과 도서관을 좋아하는 것은 칭찬할 일이지만, 수업 시간을 잘 지키는 것이 매우 중요하다고 이야기합니다. 그리고 바로 교실에

갈 수 있도록 합니다.

뭔가 속상한 일이 있어서 도서관에 남아 있는 아이일 경우, "선생님이 교실까지 바래다줄게 같이 가자."라면서 손 내밀면, 아이는 못 이기는 척 선생님을 따라 일어날 거예요. 교실에 도착할 때까지 이런저런 이야기를 나누다 보면 아이의 마음이 조금은 풀리지 않을까요.

가장 좋은 방법은 그런 상황을 만들지 않는 거예요. 수업 시작 2~3분 전에 "이제 수업 준비하러 교실에 가볼까요?"라고 말합니다. 이렇게 했는데도 도서관에 머무는 학생이 있다면, 그 학생은 책 속에 푹 빠져 있거나 자기 고민에 허덕이고 있는 것일 거예요. 책 속에 푹 빠져 있는 학생은 책갈피 하나를 선물하면서 보내면 됩니다. 고민이 많은 학생은 교실로 보내도 고민에 빠져서 수업이 머리에 들어오지 않을 가능성이 높아요. 이럴 경우 저도 고민이 많아집니다. 어느 정도 친분이 있는 학생이라면 그 수업 시간 담당 선생님에게 전화해서 양해를 구한 후 그 자리에서 대화를 나눕니다. 관계 형성이 안 된 학생이라면 교실까지 바래다준 후에 내일을 기약합니다.

학교도서관에 자주 오는 학생들은 두 가지 양상을 보여요. 먼저 책이 좋고, 사서선생님이 좋고, 학교도서관이 좋아서 오는 부류입니다. 이런 학생들은 책에 대해 이야기하고, 사서선생님과 대화를 나누는 것을 즐기죠. 시시콜콜한 일상사를 이야기하기도 합니다. 반면 교실이 싫고, 친구들이 싫어서 학교도서관으로 도피하는 학생들도 있어요. 교실에 있는 게 불편하고 친한 친구가 없어서 조용히 학교도서관에 머무는 경우죠. 학교도서관에는 선생님도 있고 조용한 분위기에서 편안하게 개인 시간을 보낼 수 있으니까요.

수업 시작종이 쳤는데도 도서관을 떠나지 않는 학생이 있다면 전자보다 후자인 경우가 많아요. 종소리를 듣지 못해서 도서관을 떠나지 않는 게 아니라면 분명 어떤 이유가 있는 거예요. 이런 학생들 상대하는 건 쉽지 않아요. 개인적인 문제를 드러내길 원치 않아서 대화 시도조차 어려운 경우가 많아요. 이런 학생에게 우리가 해줄 수 있는 일은 부담스럽지 않게 말을 걸고, 필요한 것은 없는지 대화의 눈빛을 보내는 게 아닐까 싶어요. "다음 시간은 무슨 수업이니?" 가볍게 물어보는 질문이 그 학생에게는 큰 힘이 될 수도 있습니다. 따뜻한 마음은 상대의 마음을 여는 가장 좋은 방법입니다.

06

도서관에서 몰래
가방에 책을 집어넣는 학생 발견!
이럴 때 대처법을 알려주세요.

저도 몇 년 전에 비슷한 일을 겪었습니다. 아이는 먼발치에서 몰래 가방에 책을 집어넣고 있었습니다. 저는 당황스러운 마음을 잠시 접어 두고 아이에게 말했습니다. "책을 너무 많이 빌리려는 거 아니야? 이렇게 많이 빌리려면 특별회원이 되어야 하는데, 너는 3권(당시 기준)까지만 대출이 된단다. 많이 읽고 싶은 마음은 알겠지만, 3권만 들고 올래?" 아이의 얼굴이 벌겋게 달아올랐지만, 저는 모른 척했습니다. "다 골랐어?" 그날 아이는 3권의 책을 골라 대출을 했습니다. 평소 도서관에 자주 오던 그 아이가 왜 그랬는지 여전히 모릅니다. 묻지 않았기 때문입니다. 그날은 서로 불편하지 않도록 자연스럽게 상황을 넘겼습니다.

그 아이는 이전에 대출 이력이 많지 않았지만, 그날 이후부터는 책 대출을 많이 했습니다. 그렇게 그날의 일을 마무리하고는 며칠 후 그 아이에게 책 한 권을 선물했습니다. 그 아이는 어떻게 되었냐고요? 그 후로도 꾸준히 도서관에 와서 책을 읽고, 도서관 프로그램에도 자주 참여하게 되었지요. 도서관에서 누군가 자신의 가방에 몰래 책을 집어넣는 상황이 다시 발생하지 않게 하기 위해 도서관 입구에 가방 보관함을 설치했답니다.

우선 심호흡을 하고 학생과 이야기를 나누어 보세요. 내출하지 않고 책을 가지고 가야 할 만큼 급한 사정이 있는지도 들어보고요. 아이의 마음에 공감해 주되, 책을 대출하지 않고 도서관 밖으로 가지고 나가는 것은 도서관 이용규칙에 어긋나는 행동임을 단호하게 알려 주어야 합니다. 학교도서관 이용교육 시간을 통해 학교도서관의 책은 전교생이 공유하는 자료라는 걸 강조합니다. 그리고 누군가 도서관의 책을 몰래 가지고 나간다면 그 책을 필요로 하는 친구들이 활용하지 못하게 된다는 점도 자세히 알려 주세요.

07 선생님들이 문제 학생(?)을 자꾸 도서관으로 보내요. 이런 학생들을 책으로 선도할 수 있을까요?

학생부에서 학생들을 도서관에 보내는 경우가 있습니다. 흡연, 교칙 위반 등으로 따로 교육을 받고 있는 학생들을 책으로 교육시켜 달라고 합니다. 갑자기 학생들을 도서관에 보내면 당황스럽습니다. 학생선도위원회에서 선도 결정이 나면 그에 맞춰 미리 교육계획을 수립하는데, 그 전에 학생에 대해 상의를 했다면 더 좋았겠지요. 그래서 선생님들에게 다음부터는 꼭 계획 수립 전에 의논할 것을 약속 받습니다. 이렇게 도서관으로 온 학생과 함께한 경험이 많은데, 매번 이런 상황은 어렵습니다. 그저 시간만 보내는 경우가 많거든요. 솔직히 시간을 함께 보낸다는 의미가 더 많았습니다. 그중에는 마음이 통하고, 책으로 연결되고, 도서관 프로그램까지 함께했던 경험도 있습니다. 소중한 경험을 QR코드로 공유할게요.

종종 담임선생님이 학급에서 규칙을 어긴 학생들을 지도하기 위해 도서관을 찾는 경우가 있습니다. 선생님은 규칙 준수나 배려의 중요성 등의 내용을 포함한 책을 추천해 달라고 하고 학생들에게 그 책을 읽히는 것으로 벌을 대신하기도 합니다. 물론 학생들이 해당 책을 읽고 스스로 감화되어 규칙 준수나 배려의 중요성을 깨우치게 된다면 여지없이 좋을 일입니다. 하지만 벌로 책을 읽게 된 아이들은 마음의 문을 닫고 있기 쉬워서 책의 내용이 잘 들어오지 않을 수 있습니다. 이에 저는 아이들뿐만 아니라 지도하는 선생님에게도 그 시간 동안 책 읽기를 권유합니다. 학생들이 선생님과 함께 책을 읽고 마음에 들어온 문장을 이야기하고 느낀 점을 나눈다면, 학생들은 책을 더욱 깊이 있게 읽을 것이고 책을 벌로 생각하지 않게 될 것입니다.

08

사전 연락 없이 불쑥
도서관 활용수업을 하러 오는
교사가 있어요.
어떻게 대처하는 게 좋을까요?

도서관 일로 바쁜 와중에 수업 준비도 되어 있지 않은 상태에서 도서관을 개방하게 되면 사서교사에게 무척 부담이 됩니다. 이러한 상황을 방지하기 위해 학기 초에 교직원 회의 시간을 통해 모든 선생님들에게 도서관 이용에 대해 안내하는 걸 추천합니다. 물론 교내 메신저를 통해 안내할 수도 있지만, 이는 한계가 있습니다. 학기 초 교직원 회의 시간에 선생님들을 대상으로 학교도서관 이용 방법을 안내하는 게 처음에는 부담스러울 수 있습니다. 하지만 하다 보면 익숙해지고 다음에는 더 능숙하게 안내할 수 있을 것입니다. 선생님들을 대상으로 학교도서관 활용수업을 신청하는 방법, 독서교육종합지원시스템으로 학급 독서교육을 하는 방법 등 다양한 학교도서관 이용 방법을 안내해 보는 걸 추천합니다.

가장 좋은 방법은 연초 학교도서관 경영계획에 학교도서관 활용수업에 대한 규정을 포함하는 것입니다. 학교도서관 경영계획을 근거로 모든 구성원에게 학교도서관 이용에 대한 안내와 함께 학교도서관 활용수업에 대한 주의사항을 전달합니다. 필요에 따라서 학교도서관 활용수업에 대한 별도의 계획을 수립할 수도 있습니다. 이때 학년부장 혹은 교과부장을 협조자로 포함시킨다면 자연스럽게 학년 혹은 교과 담당교사에게 해당 내용을 명시적으로 전달할 수 있습니다. 내부 결재가 완료된 후에는 전체 직원회의 시간이나 메신저를 통해 학교도서관 활용수업에 대한 안내사항을 전달하는 것이 좋습니다.

안내사항에는 학교도서관 활용수업에 대한 사전 협의가 없을 경우, 도서관에서 수업하려는 학급이 겹쳐 혼란스러울 수 있다는 점, 학교도서관 활용수업에 대한 지원이 미흡할 수 있다는 점 등을 언급합니다. 그리고 원활한 학교도서관 활용수업을 위해서는 사전 협의가 반드시 필요함을 상소합니다. 이 과정에서 주의할 점은 모든 기준은 개인적인 친분이나 직위의 고하에 따라 달라져서는 안 되며, 누구에게나 동일하게 적용되어야 한다는 점입니다.

만약 그 시간에 다른 수업이 있지 않다면, 우선 도서관을 이용할 수 있도록 하되 다음부터는 꼭 사전에 활용수업 예약을 하고 올 수 있도록 전달하면 좋을 것 같아요. 교내 메신저를 통해 전체 선생님들에게 도서관 활용수업 신청에 대해 다시 자세히 안내하는 것도 필요합니다. 다른 학급과 겹치지 않으면서 원활하게 도서관을 이용하고, 수업에 필요한 자료와 기기를 미리 지원받기 위해서는 사전 수업 신청이 기본이니까요.

09 어색하고 낯선 교무실과 행정실의 선생님들과 어떻게 안면을 터야 하죠?

놀랍게도 교무실과 행정실 선생님도 여러분과 똑같은 마음일 수 있습니다. 공립학교 선생님들은 보통 3~4년에 한 번씩 학교를 옮기기 때문에 새로운 학교에 가면 신규 선생님과 같은 마음이 됩니다. 그들도 어떻게 해야 낯선 선생님들과 안면을 틀 수 있을까 생각하고 있을지 모르지요. 물론 아닌 경우도 있겠지만, 비슷한 마음을 가지고 있다고 여기고 교무실과 행정실에 가서 이야기도 하고, 행동하면 위안도 되고 자신감도 생기지 않을까요?

그리고 꼭 친해져야 한다는 생각에서 벗어나면 좋겠습니다. 동료교사와 관계가 좋으면 여러모로 좋겠지만, 억지로 친해질 필요는 없습니다. 모든 사람과 친해질 필요도 없고, 자연스레 친해진 교사와 돈독하게 지내는 편이 낫다고 생각합니다.

저의 MBTI는 INFP입니다. 그래서인지 혼자가 편하지만, 학교에서는 혼자서 아무것도 할 수가 없겠더라고요. 그래서 학교에서는 I(내향형)가 아닌 E(외향형)처럼 행동하려고 노력했습니다. 그랬더니 어느 날 어떤 선생님이 저에게 이렇게 이야기하더라고요. "작년엔 선생님이 항상 도서관에만 있어서 뭘 하는지 모르겠고 친해지기 어려웠는데, 올해는 교무실에 자주 와서 소통하니 너무 좋아요! 앞으로도 자주 오세요!"라고요. 여러 선생님들과 친목을 다진다면 도서관 업무나 수업을 할 때 훨씬 수월하게 해낼 수 있습니다. 그러기 위해 도서관을 나서면 어떨까요? 선생님들과 우연히 마주쳤을 때 반갑게 인사를 나누고, 혹시 맛있는 음식이 있다면 함께 나누고, 가끔 서로 도움이 필요한 일이 생길 때 도움을 주고받는다면 나도 모르는 사이 가지고 있던 어색함이 눈 녹듯 사라질 거예요.

10 전입한 학교에서 도서부 학생, 학부모 자원봉사자의 텃세가 심해요. 어떻게 하면 될까요?

마음이 불편하면 학교생활도 도서관 운영도 즐거울 수 없습니다. 관계 개선을 위해 학부모 자원봉사자의 마음을 두드려 보면 어떨까요? 학부모가 도서관 자원봉사 활동을 하는 이유는 대부분 자신의 아이가 책과 더 친해지고, 학교도서관에 자주 들르길 바라기 때문이에요. 그러니 자원봉사를 하는 학부모에게 아이들이 좋아할 만한 책을 권하거나, 아이의 학년에 적합한 추천도서를 안내하며 소통해 보세요. 아이들 책을 온 가족이 함께 읽은 후, 가정에서 해볼 수 있는 여러 가지 활동을 함께 안내하는 것도 좋습니다. 책 이야기를 통해 조금씩 마음이 열리면, 텃세로 힘들게 하던 학부모도 어느새 선생님의 든든한 지원군이 될 것입니다.

학교도서관은 많은 사람들이 함께하는 공간입니다. 구성원이 다양한 만큼 학교도서관을 바라보는 입장도 다양할 수밖에 없습니다. 이로 인해 갈등이 생기기도 하는데, 서로의 입장 차이를 좁히기 위해서는 학교도서관에 대한 서로의 생각과 방향을 공유할 필요가 있습니다.

저는 예전에 도서부 학생들과 사이가 안 좋았던 경험이 있습니다. 그때 이대로는 안 되겠다 싶어서 도서부장과 깊은 대화를 나눴습니다. 도서부장은 선생님이 모든 것을 혼자 결정하는 것이 가장 불만이라고 했습니다. 당시에 저는 의욕이 앞서서 제가 판단하는 것이 모두 옳다고 생각했고, 이를 모두에게 강요했습니다. 결국 문제의 원인은 저에게 있었던 것이죠. 그래서 그 대화 이후로 제 목소리를 강하게 내기보다는 다른 사람의 의견을 많이 듣고자 노력했습니다. 사서교사는 학교도서관에 포함된 다양한 사람을 하나로 묶고 시너지를 창출하는 역할을 맡고 있습니다. 그래서 내가 무조건 옳다는 생각은 내려놓고, 다른 방식도 존재한다는 열린 마음을 갖는 게 필요합니다. 대화를 해보세요. 그래야 문제점이 파악되고 해결 방법도 보입니다.

11. 가까이 있는 타 학교의 도서관선생님과 친해질 수 있는 방법이 있나요?

학교도서관 견학을 겸해서 인근에 사서교사가 근무하고 있는 학교를 방문해 보면 어떨까요? 그러면 나름의 색깔로 운영되고 있는 새로운 도서관의 모습을 경험할 수 있고, 그곳의 선생님과 눈 맞추며 이야기나 누면 서로 친해질 수 있을 거예요.

가까이 있는 학교의 사서선생님들과 소모임을 만들어 보는 것도 추천합니다. 여러 선생님과 모임을 통해 자주 소통하면, 서로 친해지기도 하고 학교도서관이라는 연결고리를 통해 이어져 있다는 든든함도 느낄 수 있을 거예요.

학교도서관은 1인 체제로 운영되는 곳이 대부분이라서, 사서교사 혼자서 기획하고 운영하다 보면 막막한 경우가 생기곤 하거든요. 그럴 때 옆 학교 선생님과 서로 멘토-멘티가 되어 자료도 나누고, 정보도 교환하면 업무 능률과 교육적 역량이 향상될 것입니다.

사서교사든 사서든 도서관 담당교사든 가까이 있고 마음이 맞는 사람들이 있다면 공동의 목적을 가지고 함께 무언가를 해보세요. 취미 생활을 할 수도 있고, 독서 모임, 수업 연구, 학교장 뒷담화(?) 등을 할 수 있겠지요? 저는 국어, 사회, 장학사, 사서교사 등으로 이루어진 모임에서 선생님들과 5년 넘게 수업 연구, 친목 도모 등을 하고 있습니다.

그리고 한 가지 팁을 더하자면, 학교도서관 운영위원회를 할 때 인근 학교의 사서선생님을 외부 전문가 위원으로 위촉하면 좋습니다. 저는 회의가 있을 때마다 그 선생님을 만나서 조언을 듣곤 합니다.

 같이 연구하는 것을 추천합니다. 연구가 대단한 것은 아닙니다. 학교도서관 공간 개선, 효과적인 독서교육 방법, 학습지 제작, 독서 토론 등 가벼운 주제도 얼마든지 가능합니다. 학구열이 불타는 분들은 최근 주목받고 있는 인공지능이나 코딩과 관련된 스터디를 꾸려도 좋겠지요. 연구를 통해 배우는 즐거움도 느끼고, 나의 역량도 향상시킬 수 있습니다. 나누는 것이 곧 배움의 길이라고 생각합니다. 더 나눌 수 있는 것을 고민하다 보면 자연스럽게 공부를 하게 됩니다. 이런 과정이 반복되면 서로 성장하는 즐거움을 느낄 수 있습니다. 연구라는 말이 부담스럽다면, 스터디 모임으로 조금 가볍게 접근해도 좋습니다.

2

슬기로운
도서관 생활

학교도서관은 역사가 깊지 않습니다. 정확히 말하자면 도서관의 4요소인 시설, 자료, 직원, 이용자를 오롯이 갖춘 역사가 짧다고 표현해야겠네요. 역사가 깊지 않다는 말은 누적되어 온 경험이 많지 않다는 뜻이지요. 학교도서관의 역할에 대해 "이게 정답이야."라고 말해줄 수 있는 사람도 없을 듯합니다. 국가 수준의 교육과정도 존재하지 않습니다. 이것만큼은 꼭 가르쳐야 한다는 성취 기준도 없습니다. 이 때문에 사서교사에 대한 인식 수준도 낮습니다. 그래서 힘들지만, 그래서 다행이기도 합니다. 미국의 교육 시스템처럼 단위 학교 사서선생님들이 학생들과 상호작용을 하면서 학교도서관에서 배움이 일어나게 하니까요.

그러나 뿌리내리지 않은 것들을 시도하다 보면 스스로 공부를 해야 하는 경우가 많고, 그런 과정에서 오해가 생기기도 하고 상처를 받기도 합니다. 그래서 많은 사람이 사서교사의 길을 로버트 프로스트의 시 「가지 않은 길」에 빗대어 표현하기도 합니다.

이 장은 주로 학교도서관에 대한 인식 부족에서 비롯되는 도서관의 일상을 다뤘습니다. 선생님이냐는 질문을 받기도 하고, 온갖 잡무를 처리해야 하는 사서선생님들의 경험과 생각을 담았습니다. 그런 모호한 상황을 슬기롭게 대처할 수 있는 '꿀팁'도 소개합니다. 사소해 보이지만 실속 있는 내용들이지요. '이게 정답이야.'라고 말할 수는 없습니다. 다만 '그럴 수도 있어.'라고 전하고 싶을 뿐입니다.

12 "사서선생님도 선생님이에요?"
라는 질문을 받았어요.
답을 못했어요.

저도 신규 교사 때 이 질문을 받고 구차하게 설명을 했던 기억이 있습니다. 임용고시도 패스하고, 엄청난 경쟁률을 뚫고 들어온 사람이라고요. 그러나 이 질문은 말로 답변하기보다 선생님의 교육 활동으로 증명해야 하는 내용이지요. 다소 불편하게 읽힐지 모르겠지만, 학생들의 눈이 가장 정확합니다. 제도가 뒷받침된다고 타인들의 인정까지 바랄 수는 없습니다. 하지만 조급할 필요는 없습니다. 교과 교사들처럼 국가수준 교육과정이나 수업이 있지 않아서 우리가 조금 더딜 뿐입니다. 어떤 교육활동으로 학생들에게 가르침을 줄 수 있는지에 대해서 고민하고 실천하길 권합니다. 그리고 선생님만의 강점을 만들어서 학생들을 지속적으로 교육할 수 있는 여건을 만들어 가길 바랍니다.

신규 교사 때의 일입니다. 학교도서관이 3층에 있고, 학교도서관 옆에는 2학년 교실이 있었습니다. 이 학교에 사서교사가 처음 배치되었기 때문에 도서관이 엉망이었습니다. 학교도서관이 있는 건물에는 엘리베이터가 없었기 때문에 학교도서관에 필요한 물품들을 매번 계단으로 날라야 했습니다. 그래서 출근과 동시에 상의는 체육복으로 갈아입고 일을 하는 게 일상이었죠. 아마 2학년 학생들에게는 체육복 입은 사람이 매일같이 상자를 나르는 모습이 눈에 띄었을 겁니다. 어느 날 2학년 도서부 학생이 이렇게 묻더군요. "선생님도 선생님이에요?" 저는 "아니, 난 노예야."라고 대답했습니다. 웃자고 한 이야기지만, 당시 저에겐 이런 의구심이 생겼습니다. '학생들에게 선생님은 어떤 사람일까?' 대체로 개별 과목이 특정 선생님을 지칭하는 용어로 사용되기 때문에 학생들은 암묵적으로 그렇게 부를 수 있는 사람을 선생님이라고 생각했을 것입니다. 그 테두리에 사서라는 과목은 없으니 학생들에게는 사서선생님이 이상하게 보였을 겁니다.

국가수준 교육과정에서는 학습자들이 지식을 형성하고 스스로 학습할 수 있도록 지도하는 것이 교사의 역할이라고 강조합니다. 그 유명한 구성주의 학습관입니다. 하지만 국가수준의 교육과정에서 아무리 강조해도 학생들의 인식은 좀처럼 바뀌지 않습니다. 교사들도 마찬가지죠. 그것은 누구의 잘못일까요? 당시의 경험은 지금의 저에게도 여전히 유효합니다. 저는 선생님이란 어떤 사람일까 끊임없이 고민합니다. 그리고 단순히 학생들에게 지식을 전달하는 것이 교육이라고 생각하지 않습니다. 구성주의 학습관에서 강조하듯이 학생들이 주관적으로 지식 구성을 할 수 있도록 학생들의 자아성찰적 학습과 협동학습을 지원하는 코치이자 동료 학습자로서의 역할을 하는 것이 교사에게 더욱 필요하다고 생각합니다. 이를 위해서는 끊임없는 자기 연찬이 필요하겠지요.

최근 신입생으로부터 전에 받은 질문과 똑같은 질문을 받았습니다. 전 이렇게 대답했습니다. "아니, 난 노예야." 사회제도나 관습보다 바뀌기 어려운 것이 사람의 생각입니다. 4차 산업혁명과 인공지능의 중요성을 강조하는 시대에도 이 질문은 유효합니다. 고민하세요. 지금 내가 서 있는 곳이 어디인지. 그리고 어디로 가야 하는지. 그 누구도 여러분들에게 사서교사로서 명확한 길을 안내할 수 없습니다.

13. 업무를 하면서 모르는 게 생기면 누구에게 도움을 요청해야 할까요?

업무의 종류와 특성에 따라 구분해야 할 것 같아요. 먼저 도서관 교육의 업무는 발령받은 지역의 선배 사서교사에게 도움을 요청하면 좋습니다. 각 시도교육청에서는 2월에 합격자 발표 후 신규 교사를 대상으로 연수를 진행하곤 합니다. 그때 지역 사서교사들의 모임에 초대될 거예요. 지역마다 사정이 다르겠지만 모임에 단톡방도 있을 거예요. 급하게 물어볼 일이 있다면 그 단톡방을 통해서 도움을 받을 수도 있습니다. 활발하게 교류하는 시도에서는 가까운 지역의 선생님 2~3명을 멘토-멘티로 지정해서 서로 도움을 주고받도록 하고 있습니다.

학교 특색에 따라 수업이나 행정 등 환경이 다릅니다. 수업에 관해서는 연수, 독서, 교사 공동체 모임 등을 통해 자기 계발을 해야 합니다. 저는 프로젝트 수업이나 새로운 프로그램을 운영할 때 논문은 4~5편, 단행본은 2~3권 정도 읽습니다. 행정적인 출장, 기안문 등의 업무는 학교의 전결규정(교무부에서 알려 줍니다.) 등을 확인한 후에 진행하면 됩니다.

먼저, 교내 업무에 관해서는 소속부서 부장 교사에게 도움을 요청해 보면 어떨까요? 학교마다 업무 처리 방식이 조금씩 다르기 때문에, 지금 학교의 맞춤형으로 진행하려면 학교 업무에 대해 잘 알고 있는 동료교사의 도움을 받아야 하거든요. 그럴 때 선생님의 해당 부서 부장선생님에게 요청하면 답을 얻을 수 있을 거예요.

도서관 업무에 대해서는 인근 학교에서 근무하는 선배 사서교사에게 도움을 청하면 좋을 것 같아요. 온라인으로 해결하기 어려운 문제일 경우, 양해를 구하고 직접 만나서 물어보면 도움을 받을 수 있을 거예요. 각 시도별, 전국 사서교사 단체톡방도 있습니다. 이런 단체톡방에 궁금한 점을 올리면 여러 사서선생님이 집단지성의 힘으로 지혜를 모아 도와줄 겁니다.

14   학교 업무용 메신저를
         잘 쓰는 비법이 있을까요?

 업무 시간에 선생님들이 메신저를 꼼꼼히 확인하기 어려우므로, 선생님들의 시선을 끌 수 있는 제목과 간결한 내용, 시각적인 요소를 메시지에 추가하기를 추천합니다. 먼저 [이벤트 안내], [도서관 공지], [정보 전달] 등 전달하고자 하는 메시지의 성격을 제목의 첫 부분에 덧붙입니다. 메시지의 제목만 봐도 메시지의 중요성 및 내용을 알아볼 수 있도록 말이죠. 그리고 전달하고자 하는 내용은 간결하게 작성하되 핵심 내용은 색상 등으로 포인트를 줍니다. 이때 관련 이미지 또는 예쁜 이모티콘을 추가한다면 더 눈길을 끌 수 있습니다. 만약 전달하고자 하는 내용이 방대하다면, 한

글이나 PPT 등으로 정리한 뒤 첨부파일로 전송하거나, 전달하고자 하는 내용을 정리해 놓은 사이트의 링크를 공유하면 어떨까요? 이렇게 메신저의 메시지를 작성한다면 전하고자 하는 정보를 효과적으로 전달할 수 있지 않을까 생각합니다.

저는 메신저를 2가지 형식으로 나눠 씁니다. 공문 내용을 전달하는 메시지는 무미건조하게 씁니다. 정확한 정보 전달을 위해 핵심 내용만 간추리고 빨간색, 음영 등 강조사항을 표시한 후 보냅니다. 필수적인 내용일 때는 메시지 앞부분에 〈필수〉라고 쓰지요. 요청하는 메시지를 보내는 경우에는 최대한 센스를 발휘하려고 합니다. 70명에게 메시지를 보냈는데 25개의 답장을 받고, 10명의 도서관 방문을 받은 적도 있습니다. 그 메시지는 다음과 같습니다.

> 잃어버린 사랑을 찾습니다. 저는 책을 좋아하고 성격이 비교적 온화한 사서교사입니다. 저는 어제 오후 3시 즈음에 사랑을 잃었습니다. 선생님께서 제 사랑과 기억을 찾아주신다면 사례하겠습니다. 제 사랑에는 여러 가지 이름이 있습니다.

'소록도의 눈썹달', '회색 인간', '지중해 태양의 요리사', '사랑에 빠질 때 나누는 말들', '선량한 차별주의자' 등입니다. 사랑의 꾸러미에는 우리 학교 학생들과 함께 나눌 이야깃거리들이 가득합니다. 바닥끝까지 추락한 인간이 보이기도 하고, 꿈을 좇으며 소금이 후드득 떨어질 때까지 땀 흘리는 청년이 있습니다. 타인을 위해 사는 사람도 있고, 세상을 조금 더 똑똑하게 살아가는 방법과 마음이 담긴 것도 있어요. 책 꾸러미를 발견하신 분은 연락주세요. 넉넉히(?) 사례할게요. 바쁘신 중에 시간을 낭비하신 분에게는 죄송하다는 말씀 올립니다.

책 꾸러미를 들고 교실에 가서 수업을 한 뒤, 도서관으로 돌아오는 길에 학생들과 이야기하다가 책 꾸러미를 어딘가에 놓고 온 듯했습니다. 수업을 했던 교실에 찾으러 갔더니 없더군요. 그래서 위 메시지를 보냈습니다. 위 글은 서머싯 몸의 신문 광고를 패러디해서 썼습니다. 한 선생님은 반 아이들을 동원해서 책 꾸러미를 찾아주기까지 했답니다. 평소 열심히 책을 읽고, 메모해 둔 노트가 있다면 상황에 따라 활용할 수 있겠지요?

15

맡은 업무 열심히 했더니,
학교에서 업무를 하나씩 더
얹어 줘요. 일이 버거워지는데,
어떻게 해야 하나요?

학교에서 하나둘 얹어 주는 일로 인해 학교 도서관 운영에 지장이 생긴다면 잠시 멈추고 생각해 봐야 할 것 같습니다. 사서교사로서 나는 어떠한 교육철학과 목표를 가지고 일해야 하는지, 학교도서관을 운영함에 있어 방향을 잘 잡고 가고 있는지 말이죠. 그리고 내가 할 수 있는 적당한 선이 어디까지인지 생각해 보고 결단을 내려야 합니다. 학교에서 주는 다른 업무들을 모두 거절하라는 말이 아닙니다. 내가 사서교사로서 맡은 역할에 대해 최선을 다하면서 다른 업무들을 해낼 수 있는 범위가 어디까지인지 생각해 봐야 한다는 거죠. 이러한 고민 없이 학교에서 주는 업무들을 모두 수용한다면 결국엔 과부화가 되고 아무것도 제대로 해낼 수 없을 거예요.

주변 동료선생님들에게 고민을 털어놓는 방법도 있어요. 사실 학교에서 혼자 고민한다고 해결되는 건 거의 없더라고요. 특히 사서교사는 대부분 특별실에서 근무하기에 이러한 일이 있을 때 꼭 동료들과 의견을 나누어야 한다고 생각합니다. 선생님이 최선을 다해 역할을 해낼 수 있는 범위를 정하고 신뢰할 수 있는 동료 선생님들에게 고민을 털어놓는 걸 추천합니다!

어떻게 상대방과 관계를 잘 유지하면서, 상대방의 요구를 현명하게 거절할 수 있을까요?

먼저, 새로운 업무를 부탁하는 상대방의 이야기를 잘 들어주고 배려하는 게 필요할 것 같아요. 도움을 요청하는 업무가 무엇인지 잘 들어야, 선생님이 업무를 맡지 못하는 상황에 대해서도 자세히 설명할 수 있을 거예요. 그리고 상대방의 이야기를 경청하면, 선생님이 업무를 거절하게 되더라도 상대가 존중과 배려를 받았다고 생각해서 서로 좋은 관계를 유지할 수 있을 것입니다.

상대의 이야기를 들은 후, 선생님의 현재 업무 상황을 알려서 일을 더 맡을 수 없는 형편을 전달하고 분명하게 거절 의사를 표현해 보세요. 그러면 상대방도 선생님이 거절하는 이유를 이해할 수 있을 거예요.

이는 사서교사에 대한 인식이 부족해서 발생하는 흔한 문제입니다. 물론 학교 업무분장에 관한 사항은 학교장의 영역이고 전체적인 학교 상황이 고려되어야 합니다. 그러나 학교에서 사서교사의 직무와 관련 없는 업무를 요구할 때는 그에 대한 부당함을 과감하게 피력해야 합니다. 더불어 이러한 문제를 최소화하기 위해 평소 다양한 교사들과 교류하는 것이 필요합니다. 사서교사는 일과 시간의 대부분을 학교도서관에서 보내기 때문에 동료 교사들과 교류가 많지 않은 편입니다. 이러한 이유로 다수의 교사가 학교도서관에서 일어나는 일을 잘 모릅니다. 학교의 규모가 크고 교사의 수가 많은 경우 더 그렇지요. 따라서 학교도서관 기반의 교육활동과 프로그램을 운영할 때는 학교장을 비롯해 전체 교사에게 관련 내용을 적극 홍보할 필요가 있습니다. 또한, 각종 회의나 교내 활동에도 능동적으로 참여하여 자연스러운 대화 과정에서 사서교사에 대한 이해를 높이는 것이 필요합니다.

16. 학교에서 부장, 담임을 할 수 있을까요?

단순하게 부장을 하느냐, 담임을 하느냐의 문제보다 학교 풍토를 이해하고, 내가 할 수 있는 역할이 무엇인지 고민하는 것이 먼저입니다. 제가 예전에 근무했던 한 고등학교에서는 담임 자원이 많이 부족했습니다. 1학년 담임이 가능한 남자 교사가 단 한 명뿐이라, 저에게 담임을 맡아 달라는 요청이 들어왔습니다. 저는 고민 끝에 승낙했습니다. 그 시기의 학생 중 일부와는 지금도 연락을 할 만큼 그때는 의미 있는 시간을 보냈습니다. 그 후 몇 년 더 담임을 맡았는데, 학급 운영을 해본 경험은 지금도 많은 도움이 됩니다. 물론 담임과 도서관 운영을 병행하는 것이 힘들지만, 이점도 많습니다. 우선 학교도서관 혹은 독서 활동과 관련된 프로그램을 운영할 때는 특별히 양해를 구하거나 홍보할 필요가 없습니다. 학년에서 자연스럽게 이야기가 오가며 협조하는 상황이 이루어집니다. 제 상황을 이해하는 교사도 많아지고요. 모든 상황이 동일할 수는 없겠지만 낯선 상황에 대해 도전해 보는 것도 의미가 있습니다.

이렇게 생각해 보면 어떨까요? 사서라는 전문성 위에서 할 수 있는 교사의 역할을 다할 필요가 있다. 저는 15년의 교사 경력 중에 7년을 부장교사로 일했습니다. 담임 경력은 1년입니다. 담임을 할 때는 학교도서관과 교실의 물리적 거리, 청소 시간이나 하교 시간처럼 가장 바쁜 시간이 겹치는 등의 문제 때문에 학급 경영뿐만 아니라 도서관 운영도 어려웠습니다. 물론 제가 부족했던 부분도 있었겠지요. 학교에서도 도서관과 학급 운영의 중복 문제를 인정했습니다. 하지만 문제만 있었던 건 아닙니다. 담임을 맡으면서 학년부의 흐름을 이해할 수 있었습니다.

부장교사를 할 때는 할 일이 훨씬 많았지만, 학교와 도서관 운영의 조화를 생각하기가 편했습니다. 학교의 관리자와 부장

교사가 하는 기획회의를 통해 학교의 움직임을 빠르게 파악하고, 학교의 전체적인 흐름에 맞춰 도서관을 운영할 수 있었습니다. 학교 차원에서의 도서관 운영 의제를 설정할 수 있어서 일을 편하게 할 수 있었고, 효과는 훨씬 좋았습니다. 그래서 도서관과 연관 지을 수 있는 인문사회부장, 특성화부장 등도 맡아보았습니다. 해보세요. 시야가 트이는 경험을 할 수 있습니다.

각 시도교육청별로 보직교사 배치기준이 마련되어 있습니다. 이 기준의 세세한 부분은 시도마다 조금씩 다르지만 "교사 중에서 보직교사를 둘 수 있다."라고 표현하는 부분은 일관됩니다. 사서교사도 교사 개인이 희망한다면 담임도 부장도 할 수 있다고 생각합니다. 반대로 현재 상황에 따라 부장이나 담임이 부담이 된다면 희망하지 않을 권리도 당연히 있겠지요. 선생님의 희망 여부를 명확히 표현하면 좋으리라 생각합니다.

17

학교를 옮기게 되니
다시 신규 교사가 된 기분입니다.
무엇부터 해야 하나요?

인계인수 과정에서 간과되는 부분이 학교도서관 비품 확인입니다. 새로운 학교로 발령이 나면, 해당 도서관에 등록된 물품 목록을 꼼꼼하게 체크하고, 물품 등록 대장에 기록되어 있는 비품이 모두 있는지 확인해야 합니다. 간혹 학교도서관의 비품이 다른 공간에 있거나 불용처리를 하지 않고 사라진 경우가 있습니다. 그 비품을 관리하던 교사가 다른 학교로 가게 되면 해당 비품을 찾을 수 없게 됩니다. 비품들이 제대로 확인되지 않은 상태에서 학교도서관 담당자로 지정되면, 학교도서관에 있는 모든 비품은 자신의 책임 하에 놓이게 됩니다. 혹시 분실된 것이 있다면 그 책임을

져야 합니다. 따라서 업무 인계인수 과정에서 반드시 학교도서관의 비품이 물품등록대장에 있는지 확인하고, 인계자의 확인을 받아 두어야 합니다.

또한 전년 학교도서관 운영계획을 살피고, 학교도서관의 규모, 장서 규모, 학교급, 이용자 수 등을 파악하고, 학교도서관 예산으로 배정된 원가통계비목을 확인하여 어떤 항목의 예산이 우리 학교도서관에 배정되어 있는지 확인해야 합니다. 학교예산은 본예산을 중심으로 이루어지지만, 분기별로 추경이 이루어지기 때문에, 본예산에서 부족한 부분은 추경을 통해 확보할 수 있습니다. 이때 담당 부장과 논의를 하는 것이 좋으며, 금액이 클 경우 관리자와 논의할 필요가 있습니다.

사서교사는 교무실에 자리를 배정받기도 하지만, 대체로 별도의 실에 있는 경우가 많기 때문에 학교 상황을 잘 모를 수 있습니다. 하지만 학교의 교육과정과 학생, 교사 등 이용자 특성을 파악하지 못한다면 학교도서관 기반의 다양한 교육 활동을 추진하는 것은 불가능합니다. 따라서 학교 운영계획이나 교육과정과 관련된 자료를 검토하여 해당 학교의 전체적인 상황과 연간 운영계획의 흐름 등을 파악하는 것이 필요합니다.

# 우선 후임 사서교사를 위해 인계인수서를 꼼꼼히 작성해 보면 어떨까요? 인수인계에서 도서관 운영에 관한 모든 것을 전할 수는 없지만 서가 구성, 장서 현황, 비품의 종류와 수량, 도서관 예산, 업무분장 등 꼭 필요한 부분을 개괄적으로 안내할 수 있을 거예요.

학교도서관업무지원시스템[DLS]과 학교에서 이용하는 물품 구입 사이트의 아이디와 비밀번호도 정리해 두면 후임 선생님에게 도움이 될 거예요. DLS에 관리자 계정으로 로그인하기 위해 인증서 등록을 하려면 학교관리자 아이디와 비밀번호가 꼭 필요하거든요. 또한 학교마다 주로 이용하는 물품 구입 사이트가 다르기 때문에 사이트명과 학교 계정 아이디, 비밀번호도 알려 주면 업무 추진에 꿀팁이 된답니다.

컴퓨터 바탕화면에 업무 폴더를 하나 만들어 놓는 것도 추천합니다. 도서관 운영계획, 연간 진행했던 프로그램 운영계획 등 각종 기안문을 저장해 두면 새로 연간 계획을 세우는 데 참고가 될 것입니다. 기안문 외에 교실배치도나 교내 내선번호 파일도 함께 폴더에 담아 두면, 후임자가 새 학교에 적응하는 데 도움이 될 것입니다.

학교를 옮기는 일을 다른 선생님의 학교도서관 운영을 살펴볼 수 있는 기회라고 여기면 어떨까요? 다른 선생님의 학교도서관 운영을 보다 보면 분명 자신이 소홀히 했던 부분이 보일 것입니다. 그런 부분에 대해 다른 선생님의 자료를 통해 도움을 받을 수도 있을 것입니다. 이는 연수와는 다른 성장의 기회입니다.

신규 선생님인 경우에는 처음 발령받는 것일 테니 학교알리미 서비스(www.schoolinfo.go.kr)를 통해 발령받은 학교의 교육과정, 학교도서관 현황 등을 미리 살펴보면 좋습니다. 또한 시도교육청 홈페이지에서 그해 학교도서관 진흥 시행계획을 다운받아 꼼꼼히 정독하길 권합니다. 학교에 전화를 걸어서 교감 선생님과 통화하면서 인사를 하는 것도 필요합니다.

18   교생선생님이 좋은 사서선생님이
되고 싶은데 어떻게 하면 되냐고
물어요. 뭐라고 말해 주지요?

첫째, 학생들의 말에 귀 기울이고 마음에 공감해 주는 것이라고 생각해요. 좋은 수업과 독서 프로그램을 운영하고 학생들에게 눈높이에 맞는 자료를 전달하기 위해서는 무엇보다 학생들과의 소통이 잘 이루어져야 해요. 애정을 가지고 응원하면, 그 마음이 학생들에게 전해져서 서로에게 행복한 학교도서관이 만들어지리라 생각합니다.

둘째, 자신만의 교육철학이 세워져 있어야 합니다. 교육철학은 교육에 대한 확신을 갖게 해서, 가끔 흔들리더라도 쓰러지지 않는 힘이 되어 줍니다. 어떠한 사서교사가 되어야겠다는 철학이 있으면 보람과 긍지를 가지고 자신이 원하는 학교도서관을 가꾸어 나가게 될 것입니다.

셋째, 자신을 존중하며 행복한 마음을 채워 나가는 것도 중요합니다. 여유로운 마음을 가지고 스스로를 사랑하면 바쁜 학교 일상에서도 힘들고 지치는 마음이 덜할 거예요.

누군가에게 좋은 사서선생님이 되면서, 내 직업을 좋아하게 된다는 것이 처음에는 상당히 이율배반적이라고 생각했습니다. 누군가에게 좋은 사서선생님이 되려면 나를 희생해야 한다고 생각했지요. 그때는 학생들에게 내 시간을 양보하고, 동료교사들에게 내 노동력을 빌려주는 일이 '좋은'의 기준이었습니다. 그러다 보니 스스로 힘들어지더군요. 그래서 내가 행복해지는 것을 전제로 생활하기로 했습니다. 도서관 운영, 프로그램 운영, 수업 운영 등을 하면서 내가 행복할 수 있도록 하자고 마음먹었지요. 그런데 이상하게도 그렇게 마음먹은 후로 학생들이 사서선생님을 좋아하게 되고, 동료 교사들이 저를 더 믿어주더군요. 내가 행복해지려면 내가 하는 일에 스스로 만족해야 하기에 더 즐겁고 알차게 일을 한 것 같아요. 그래서 앞으로도 내가 행복할 수 있는 학교도서관 생활을 하려고 합니다.

19 처음 받아본 도서관 민원 전화,
낯설고 어쩔 줄 모르겠어요.
이럴 땐 어떻게 하나요?

민원 전화에 대한 제 응대 철학은 무조건 '친절'입니다. 민원 전화를 한다는 것은 상대에게 불만 혹은 질문이 있기 때문입니다. 매년 학교에서 얼굴을 맞대고 이야기했는데 뒤돌아서서 딴소리를 하는 학생을 자주 봅니다. 그러다 보니 똑같은 말을 여러 번 하는 버릇이 생기게 되었습니다. 이 버릇 때문에 다른 직업을 가진 사람들에게 교사 특유의 말하는 습관이라는 핀잔을 듣곤 합니다.

아무튼, 얼굴을 보면서 이야기를 해도 뒤돌아서면 다른 이야기를 하는 사람이 많은데, 직접 대면하지 않은 채 나누는 학부모와의 대화는 오죽할까요. 그래서 어떤 이유로든 저에게 전화가 오면 저는 최대한 친절하고, 자세하게 설명하려고 노력합니다. 그렇게 상세하게 설명을 하면 대부분의 경우 민원인이 이해를 하고, 고마움을 표하면서 전화를 끊습니다. 간혹 납득하기 어려운 항의성 민원을 제기하는 사람도 있습니다. 이럴 때는 단호하게 원칙대로 응대합니다. 우선 통화 내용을 녹음하고, 어느 부분에서 문제가 있는지 분명하게 구분합니다. 그리고 이에 따라 책임 소재를 관리자와 상의하여 결정합니다. 학교 관리자와 상의할 필요가 있다고 판단되는 민원일 경우, 반드시 관리자에게 보고하고 공식적인 학교 측의 응답으로 처리할 필요가 있습니다.

민원 전화를 받으면 우선 민원을 제기하는 사람의 말에 공감해 주되, 우리의 입장도 분명히 전해야 합니다. 예를 들어 분명 아이가 책을 반납한 것 같은데 왜 미반납인지 문의하는 경우, "반납했는데 미처 반납 처리가 안 되었을 수도 있을 것 같아요. 도서관 서가에서도 한번 찾아보겠습니다. 아이에게도 한 번 더 찾아봐 달라고 해 주시겠어요?"라고 답변을 합니다. 초등학교 저학년 아이들은 학부모가 책을 잘 챙겨주었더라도 깜빡하고 반납하지 않는 경우가 있거든요. 이럴 때는 십중팔구 아이가 책상 서랍 속이나 사물함에서 책을 찾아오더라고요.

왜 만화책 대출은 안 해주냐는 민원을 받은 적도 있어요. 민원인의 이야기를 잘 듣고 난 후, 학교의 방침을 자세히 안내해주었어요. 아이들이 도서관에서 만화책을 충분히 활용할 수 있도록 하고 있으며, 대출이 만화책에 치우치지 않도록 하기 위한 것임을 민원인에게 전달했습니다. 이 내용이 교직원 협의를 통해 도서관 운영규정에도 반영되어 있다는 것을 알리면 민원인은 이해하곤 했습니다. 민원 전화가 많이 낯설고 받을 때마다 힘들겠지만 당황하지 말고 차분히 들어요. 들어주기만 해도 반은 끝납니다. 그리고 선생님의 의견을 말하면 됩니다.

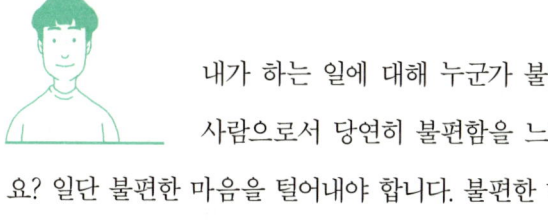

내가 하는 일에 대해 누군가 불만이 있다면 사람으로서 당연히 불편함을 느끼지 않을까요? 일단 불편한 마음을 털어내야 합니다. 불편한 마음을 가지고 민원인을 상대한다면 자기방어적인 대화로 흐를 가능성이 높습니다. 자기객관화 후에 대화를 하면 훨씬 더 순조롭게 풀립니다.

또한 민원 대상에 따라 대응이 다를 수 있습니다. 민원인이 학생이나 동료 교사라면 수평적 관계에서 대화가 가능하기에 비교적 이야기가 잘 풀리는 편입니다. 그러나 학부모나 교장 등이 민원인이라면 부담이 될 수밖에 없습니다. 이럴 때는 자기 신념과 교육철학을 기준으로 판단하여 할 말을 하면 됩니다.

　3년 전에 교장선생님이 필독도서를 만들어 달라는 민원(?)을 제기했습니다. 저는 개인적으로 필독도서에 대한 불편함을 가지고 있습니다. 필독도서는 학생들에게 의무감을 지우고, 다양성을 지향하는 문화에 반하는 것이라고 생각합니다. 그럼에도 추천도서가 있어야 한다면, 학생들에게 스스로 만들 수 있는 기회를 부여해야 한다고 생각합니다. 이런 평소의 소신을 교장선생님에게 이야기했는데, 그 의견이 받아들여져서 이전에 학생들에게 제공되었던 필독도서 대신 독서 수업과 유의미한 독서 프로그램을 할 수 있는 기회를 얻게 되었습니다.

20

방학인데 학교장은
도서관 개방을 원합니다.
저는 연수도 받고
발전하고 싶은데,
어떻게 해야 하나요?

방학 중 학교도서관 개방은 참 어려운 문제입니다. 관리자는 학교 시설을 학생들을 위해 활용하겠다는 명분을 내세우고, 사서교사는 방학 중 자기계발 시간이 필요함을 주장합니다. 모두 나름의 논리가 있기에 타협점을 모색해야 합니다. 우선, 학교도서관의 활용 목적에 따라 학교도서관 개방 시간을 결정하고 관리할 수 있는 인력에 대한 논의가 이루어져야 합니다. 도서관을 이용 빈도가 높은 기간과 시간을 정해서 운영하되, 보조 인력을 최대한 활용해야 합니다. 방학 중 학교도서관 개방은 학교 차원에서 대책과 방법을 논의해야 하는 문제입니다.

교육공무원법 41조에는 "교원은 수업에 지장을 주지 아니하는 범위에서 소속 기관의 장의 승인을 받아 연수기관이나 근무 장소 외의 시설 또는 장소에서 연수를 받을 수 있다."라고 되어 있습니다. 배움을 통해 성장할 권리이므로, 당당하게 연수 받고 충만한 배움의 기회를 누리기 바랍니다. 방학 중 도서관 개방이 필요한 상황이라면, 학부모 자원봉사자와 협력하여 운영할 수 있습니다. 한국장학재단에서 운영하는 '국가근로장학금 방학 집중근로 프로그램'을 신청하면 근로장학생 지원을 받을 수 있습니다.

운영규정 자체가 없는 학교도 많지만, 저는 학교를 옮길 때마다 도서관 운영규정을 정비합니다. 도서관 운영규정을 통해 총칙, 학도위 구성, 자료 선택 기준, 도서부 편성, 자료의 수집과 정리, 운영에 관한 내용, 관내 규율 등의 기준을 명확히 하고 있습니다. 제가 근무하고 있는 학교는 운영규정 5장 26조(휴관)에 따라 방학 기간에 휴관하고 있습니다. 방학 기간은 학교도서관 운영자의 연수 및 발전을 위한 시간임을 규정으로 인정받고 있는 셈이지요.

21   방학이 시작되기 전에 잊지 않고 점검해야 할 것은 무엇인가요?

　　　　　　　　　　방학 중에 출근 일정이 있다면 점검할 일은 없어요. 다만, 다른 교사는 출근하지 않는데 나만 출근한다는 자괴감에서 벗어날 수 있는 마음과 다음 방학에는 자기 계발을 할 수 있는 시간을 어떻게 확보할 것인지에 대한 계획이 필요합니다. 이를 위해 학기 중에 오는 공문을 잘 살펴보세요. 학부모 도서관 자원봉사자, 국가장학생 제도 등 방학 중에 적절히 활용할 수 있는 방법을 찾을 수도 있습니다. 저는 방학 전에 대출 권수를 조정하여 학생들에게 책을 많이 빌려주는 편입니다.

　그리고 한 학기를 되돌아봅니다. 저의 컴퓨터 D 드라이브에

'○○○○ 도서관'이라는 폴더가 있습니다. '2021 도서관' 폴더 안에는 116개의 폴더와 1,276개의 파일이 있습니다. 도서관 운영, 수업, 프로그램, 공모사업, 사서교사의 글쓰기, 좋은 자료(수업), 양식, 사진 등으로 구성되어 있습니다. 이 폴더는 저의 대용량 외장하드로 옮겨집니다. 1년 동안 학생들과 함께 프로그램을 진행하면서 찍은 사진을 보며 다양한 순간을 추억해 보기도 합니다.

    1년 동안 했던 업무들을 정리하면서 내년에 학생들과 함께 하고 싶은 일들을 기록해 봅니다. 수업이 끝나는 시기에 학생들의 수업 만족도를 조사하기도 합니다. 이 기록은 1월에 무엇을 해야 할지를 가늠하는 중요한 자료가 됩니다.

방학이 시작되기 전에는 장기 연체자가 있는지부터 살피는 게 좋습니다. 방학 전에 책을 반납하지 않으면, 방학 기간 동안 연체 일수가 늘어나게 될 테니까요. 방학 전에 대출 기간과 권수를 늘리는 행사와 함께 연체사면 행사를 실시하면, 학생들이 연체된 책을 반납하면서 다른 책을 빌려가게 할 수 있습니다.

    그리고 그동안 쌓아둔 공문서나 자료를 치우고, 책상을 깨

끗하게 정리하길 추천합니다. 방학이 끝나고 다시 학교에 왔을 때 깨끗한 자리를 보면 새롭게 시작하는 마음을 가질 수 있게 될 거예요. 방학 전 창문, 공기청정기, 전기용품 등을 점검하는 건 기본 중의 기본이겠죠?

　　　　　　　　방학은 잠시나마 힐링할 수 있는 시간이자, 다음 학기를 준비하며 성장할 수 있는 소중한 기회입니다. 방학을 활용해서 다음 학기에 진행할 수업과 프로그램 계획에 도움이 될 만한 직무 연수를 들어보는 건 어떨까요? 방학 전에는 시도교육청 연수원 및 여러 기관에서 진행하는 연수 안내 공문이 옵니다. 그중에서 선생님에게 꼭 필요한 연수를 찾아서 신청해 보세요.

　간혹 방학 중에 결과보고서를 공문으로 제출해야 하는 경우가 있습니다. 그러므로 업무포털을 원격으로 할 수 있게 EVPN을 신청하고, 공문함을 체크해야 합니다. 방학 기간 중에 제출해야 하는 공문이 있다면 미리 제출하는 편이 좋습니다.

　방학 동안 학부모 자원봉사자와 협력하여 도서관을 개방한다면, 자원봉사자에게 방학 자원봉사 일정을 다시 안내하는 것도 꼭 필요합니다.

방학 기간이 도래하기 전에 방학 중 도서 대출 기간을 조정합니다. 개방일을 제외한 방학일은 휴관일로 지정하여, 방학 중 연체자가 발생하지 않도록 조정합니다. 필요에 따라서는 대출 권수나 대출 기간을 확대 조정할 수도 있습니다.

특히, 동계방학 전에 졸업예정자들이 대출 도서를 반납하도록 하는 것이 중요합니다. 졸업예정자는 동계방학이 끝나면 졸업식을 제외하고 등교하는 날이 거의 없습니다. 따라서, 방학에 들어가기 전에 졸업예정자가 대출한 자료를 회수하는 것이 좋습니다. 이때는 학년부장이나 담임교사의 협조를 구하고, 학생들이 졸업장을 받기 위해서는 미반납도서 확인증을 발급해야 한다는 등 학교 차원의 조치도 마련할 수 있습니다.

또한, 이용자들의 상태를 확인할 필요도 있습니다. 학기 중에 전학을 가거나 휴학을 하는 학생이 발생할 수 있기 때문에 학기말을 기준으로 학생들의 학적 변동 여부를 확인하여 독서교육종합시스템 및 DLS의 이용자 정보를 수정합니다. 이용자가 정확하게 파악되지 않으면, 추후 진급처리 시 혼란스러운 일이 발생할 수도 있습니다.

3

학교도서관의 책장

텍사스대학교 문헌정보학과 교수인 데이비드 랭크스(R. David Lankes)의 말을 옮겨 봅니다.

"나쁜 도서관은 장서를 만들고, 좋은 도서관은 서비스를 계획하고, 최고의 도서관은 공동체를 구성한다."

도서관을 운영하는 많은 선생님이 이 말에 동의하지 않을까 생각해 봅니다. 그러나 이 말을 액면 그대로 받아들인다면 책에 대해 소홀해질 수도 있겠다는 우려가 들기도 합니다. 공동체를 구성하려면 장서와 서비스도 소홀히 하면 안 되기 때문입니다. 책을 기반으로 관계를 만드는 것이 도서관의 일이니까요.

이번 장에서는 교육공동체 구성의 전제 조건이 되는 도서관 자료에 대한 이야기를 해볼까 합니다. 도서관 자료 구성은 학교도서관 운영의 기초인데, 이 기초가 참 어렵더라고요. 학생 100명에게 물어보면 도서관 자료에 대한 아쉬운 점을 말하는 학생이 제법 됩니다. 굳이 변명을 하자면 일 년에 천만 원 남짓 되는 도서구입 예산으로 어떻게 모두를 만족시키겠습니까?

학교도서관의 자료를 보면 그 도서관이 추구하는 가치가 보이기도 합니다. 앞서 이야기했지만, 자료의 근본적인 목적은 자료와 이용자의 만남을 주선하고, 만남을 깊게 하는 것입니다. 이에 부합하는 질문과 답변으로 구성했습니다.

22 질 좋은 수서를 하기 위한 방법이 있을까요?

첫째, 매달 수서 회의를 개최합니다. 다음 표를 참고하여 주제별로 관심 있는 학생과 교사를 5명 이상 모아서 매달 수서 회의를 합니다. 수서 위원에게는 위촉장을 주고, 연 6회(3, 5, 6, 8, 9, 10월) 개최하는 회의 중 4회 이상 참여할 경우 상장을 주거나 인증을 해줍니다. 수서 위원은 회의에서 주변 친구에게 권하는 도서, 과목 공부에 필요한 도서 등을 바탕으로 10종 이상의 자료를 추천하는 발표를 합니다.

<주제별 장서구성 비율>

「한국도서관기준」(2013)

구분	총류	철학	종교	사회과학	순수과학	기술과학	예술	어학	문학	역사	그림책	계
초등학교	4	2	2	8	13	8	5	2	25	16	15	100%
중학교	5	3	3	10	15	9	7	4	27	17	-	100%
고등학교	6	4	3	12	15	9	7	6	25	13	-	100%

둘째, 수서 회의에 참여하는 위원들은 인터넷 서점 장바구니에 책을 담아 둡니다. 회의에서 위원들은 별도의 프레젠테이션 없이 그 책들에 대해 발표하고, 각 책의 구입 여부를 결정합니다. 인터넷 서점에서 장바구니에 담은 책들을 엑셀로 저장하면 정리된 목록으로 볼 수 있고 편집이 편리합니다.

셋째, 학생들에게 수서 회의 참여의 장점을 언급하며 적극적인 참여를 유도합니다. 고등학교의 경우 수서 회의에 참여하면 생활기록부 자율 활동에 기록된다는 이점이 있습니다. 이런 현실적인 이점만 강조하지 말고, 수서 회의를 통해 세상을 바라보는 관점의 다양화, 발표력 향상, 시대의 흐름 이해, 자신의 진로에 적합한 도서나 연구의 흐름 파악 등이 가능하다는 점을 강조하면 좋겠습니다.

넷째, 수서 회의 때마다 간식을 준비하면 회의 분위기가 더 좋아집니다. 연간 수서 회의가 끝날 무렵 감사장과 상품을 준비하면 위원들이 뿌듯해합니다.

23. 수서 회의 구성 방법 및 팁을 알려주세요.

예시를 보여드리겠습니다. 학교별로 학생의 수요에 따라 주제 범위나 인원을 다르게 할 수 있습니다. 3월에 워크숍을 열어서 KDC 분류번호에 대한 교육을 하고, 국립중앙도서관 자료 검색을 통해 KDC 기호를 확인하는 방법 등을 안내합니다.

구분	총류	철학/종교	사회과학			순수과학		기술과학	
			정치, 경제	교육, 풍습 등	사회, 법, 통계	수학	과학	의학	공학/건축
인원	5명	5명	5명	5명	5명	5명	10명	5명	5명
진로나 적성	기자	철학자, 종교인	정치가, 경제, 경영	교사, 군인 등	사회학자, 법률가, 통계학자	수학자, 수학교사	과학자, 과학교사 등	의료, 보건	공학자 및 건축가

구분	예술		어학	문학		역사		그림책	계
	미술	공연 예술 및 스포츠		시, 희곡, 수필 등	소설	역사	지리/ 여행		
인원	5명	5명	5명	5명	5명	5명	10명	5명	90명
진로나 적성	미술가, 교사	방송 및 스포츠	언어학	문학가, 국어교사 등		역사 학자, 역사 교사 등	지리학자, 지리교사, 여행 전문가 등	유치원 교사, 그림책 작가, 일러스트레 이터 등	

* 학교별로 인원이나 개최 횟수를 조정해서 운영해 보길 권합니다.
* 분과별로 회의를 진행하면 좋습니다.

 수서 회의가 생각대로 운영되지 않더군요. 많은 학생을 수서 위원으로 위촉하니까 함께할 수 있는 시간을 맞추기도 어렵고, 겨우 시간을 맞춰서 회의를 하게 되더라도 집중도가 떨어지는 편입니다. 수서 회의는 같은 관심사를 가진 친구들, 즉 분과별로만 회의를 하게 하고 각 분과별 수서 목록 및 간단한 회의록만 받는 게 낫습니다. 학교도서관에서 운영해 본 일 중에 수서 회의가 가장 어려웠습니다. 포기하지 않고 2년 정도 운영하다 보면, 수서 회의의 체계가 잡힐 것입니다.

24   추천도서 목록은
         어떻게 제공하는 게 좋을까요?

학교마다 권장도서 목록이나 추천도서 목록을 학생들에게 제공하는 것이 일반적입니다. 이러한 추천도서 목록은 대체로 일부 선생님들에 의해 작성되거나 타 학교 혹은 타 기관의 추천도서를 그대로 사용하는 경우가 많습니다. 그런데 학교 문화나 학습자의 특성이 고려되지 않은 추천도서 목록은 제대로 활용되기 어렵습니다. 가장 좋은 추천도서는 각 학교의 선생님들이 직접 추천하는 책입니다. 우리 학교 학생들은 우리 학교 선생님들이 가장 잘 아니까요. 학생들의 독서 동기 유발 요인을 살펴보면 선생님들의 영향이 상당히 높은 것으로 나타납니다. 따라서 교사는 독서 멘토로서 학습지도를 하고, 학생들이 정서를 함양하고 교양을 쌓을 수 있는 추천도서를 추천사와 함께 제시하는 것이 좋습니다.

시각적인 효과를 높이기 위해 책 표지 및 자세한 서지사항을 함께 제공하는 것도 좋습니다. 저는 이와 같은 방법으로 추천도서 목록 책자를 제작해서 활용했는데, 학생뿐만 아니라 선생님들의 반응도 상당히 좋았습니다.

여러 교과교사와 학생들의 도서 추천이 더해지면 완벽한 추천도서 목록이 되지 않을까 싶습니다. 학생들에게 기회를 준다면 저마다 자신만의 추천도서 목록을 만들 수 있습니다. 이를 위해 저는 학기 초가 되면, 반별로 수업 시간에 학생들을 학교도서관으로 초대합니다. 학생들에게 책 향기 폴폴 나는 서가 사이를 돌아다니며 읽고 싶은 책 목록을 만들게 합니다. 학생들은 유영하는 물고기처럼 도서관을 자유롭게 거닐며 책을 펼쳤다 접었다를 반복합니다. 마냥 장난꾸러기 같던 아이들도 이때는 신중한 사서의 눈빛을 보입니다. 저마다 3~5권을 고르고, 그 책에 대한 평가서를 간단하게 쓰면 그 책이 그 학생만의 추천도서가 되는 겁니다.

'더불어 책 읽기'는 학생 4명과 교사 1명이 한 팀이 되어 일

년 동안 책을 읽는 프로그램입니다. 각 팀은 함께 책을 읽고, 질문을 만들어서 대화를 나누는데, 그 대화를 글로 기록하여 대화보고서를 제출하기도 합니다. 이렇게 쌓인 대화보고서도 추천도서 목록으로 활용할 수 있습니다.

2학기가 되면 학생 개개인이 추천한 책, 더불어 책 읽기 책 대화보고서를 모아서 학생 편집위원들과 목록을 만들기 위한 편집을 진행합니다. 편집위원들은 목차를 구성하고, 여러 책 대화보고서와 책 평가서 중에서 각각 5종 정도를 선정합니다. 이 내용을 편집위원이 재구성하여 추천도서 목록집을 만듭니다. 제가 근무한 학교에서는 '○○고의 서재'라는 이름으로 추천도서 목록집을 만들어서 신입생들에게 배포했답니다.

저는 추천도서목록 파일을 만드는 것과는 다른 방식으로 책을 추천하는 편입니다. 예를 들어 학교도서관 내 북큐레이션 공간을 마련하여 학생들에게 추천하고 싶은 책을 전시하거나, 수업 시작할 때나 마무리할 시간에 추천 책을 들고 가서 책을 소개하는 것입니다. 이 외에도 이전 독서 프로그램에서 교사, 학생, 학부모가 추천한 책의 서평을 도서관 게시판에 붙이는 방법도 있습니다.

25. 수서에 도움이 될 만한 참고자료가 있을까요?

참고 자료 및 사이트	소개	QR코드
책으로 따뜻한 세상 만드는 교사들(책따세)	책따세의 공식 추천 목록은 전·현직 교사들로 구성된 운영진이 3개월 이상 책을 꼼꼼히 읽고, 여러 차례 검토 후 만장일치로 추천하는 책으로 구성되어 있습니다. 청소년들에게 추천하는 도서 목록을 방학 때마다 발표하며, 상황별·주제별 추천도서를 제공합니다.	
청소년 책추천 'ㅊㅊㅊ'	청소년을 위한 책 추천 홈페이지로, '재미와 유익함을 모두 갖춘 책' 추천을 목표로 다양한 관심사, 수준에 맞는 책을 추천하고 있습니다. 청소년 북큐레이터의 리뷰도 함께 실려 있습니다.	
국립중앙도서관 사서추천도서	국립중앙도서관 홈페이지에서는 책과 함께 생활하는 현장 사서가 매월 문학, 인문과학, 사회과학, 자연과학 등 다양한 주제분야별 테마별로 좋은 책을 소개하고 있습니다. 추천도서 목록을 엑셀파일로 한꺼번에 다운로드받을 수 있습니다.	

학교도서관저널 추천도서	사서교사, 교과교사, 평론가 등으로 구성된 도서 추천위원회가 매달 새로 나온 책을 검토해 어린이, 청소년에게 권할 만한 책을 선정합니다. 다양한 이해 수준을 고려하여 엄선한 추천도서를 서평을 통해 자세히 소개해 줍니다.	
책씨앗	작가와 독자, 도서관과 학교, 출판사와 서점이 함께 교류하는 독서 문화 플랫폼입니다. 초등 교과연계 추천도서, 청소년 주제별 추천도서, 한 학기 한 권 읽기 자료 등 다양한 독서 목록을 제공하고 있습니다. 마음에 드는 책을 나의 수서 장바구니에 담으면, 엑셀 파일로 다운로드받을 수 있습니다.	
행복한 아침독서	어린이와 청소년 독서운동을 하는 비영리법인이자 사회적 기업입니다. 매년 초등학교용, 중·고등학교용, 교사용 추천도서목록을 선정해서 발표하고 있습니다. 매월 <아침독서신문>을 발간해 좋은 책을 소개하고 있습니다.	
국립어린이 청소년도서관	국립어린이청소년도서관 사서들이 초등 저학년, 초등 고학년, 청소년으로 대상을 구분하여 매월 사서추천도서를 소개하고 있습니다. 또래 친구들을 위해 학생들이 직접 뽑은 또래추천도서목록을 안내하고 있습니다.	
어린이 도서연구회	매년 한 해 동안 출간된 어린이, 청소년 책을 검토하여 '어린이도서연구회가 뽑은 어린이 청소년 책' 추천목록을 발표하고 있습니다. 갈래별 목록위원회에서 달마다 신간 도서를 함께 읽고 토론한 후, 이달의 새로 나온 책을 소개하고 있습니다.	
그림책 박물관	'수상작모음', '추천그림책' 등으로 나누어 그림책 목록을 안내하고, 작가별, 출판사별, 나라별, 주제별 등 다양한 기준으로 그림책을 정리해 놓았습니다. 어린이책이 아닌 독자적인 장르로서 '그림책'에 대한 정보를 제공하고 있습니다.	
세종도서 선정목록	세종도서는 문화체육관광부와 한국출판문화산업진흥원이 매년 교양부문, 학술부문으로 나누어 우수 도서를 선정하여 발표하는 사업입니다. 선정된 도서는 전국의 공공도서관, 학교도서관 등으로 보급됩니다.	

26 정기간행물을 선정하는 합리적이고 효과적인 방법이 있나요?

정기간행물을 선정하기 위해 우선 이용자의 수준과 예상 수요를 고려해 20여 가지의 정기간행물 과월호를 도서관에 전시합니다. 이 책들을 대상으로 수요 조사를 실시하여 이용자의 구독 희망 순위를 구합니다. 높은 순위의 정기간행물 순으로 일 년 구독료를 합산해 보고, 예산 범위에 맞춰서 구독합니다. 가끔은 다양한 정기간행물을 구독하기 위해 일부 정기간행물의 구독 기간을 줄이고 구독하는 책의 수를 늘리기도 합니다.

정기간행물 구입 tip

첫째, 정기간행물은 도서관 운영비로 구입하면 좋습니다. 도서구입비로 구입할 경우 추후 폐기 등의 절차를 거쳐야 하지만, 도서관 운영비로 구입하면 수업 활용(기사문 분석 등), 행사 활용(콜라주) 등에 편리합니다.

둘째, 꾸준히 발행되고 있는 것이 좋습니다. 구독 중간에 배송이 되지 않는 상황을 겪을 수도 있습니다. 더 이상 발행하지 않는다는 이유로 배송이 되지 않을 경우 환불 절차도 번거롭고, 환불이 안 될 수도 있습니다.

셋째, 정기구독센터를 이용하면 행정 서류가 한 번에 처리되는 등 간편하고, 정기간행물 폐간 시 처리에 대한 부담도 덜합니다. 주로 '나이스북 - 정기구독센터'나 '더매거진'을 활용합니다.

정기간행물의 가장 큰 매력은 주제적 성격이 명확하다는 것입니다. 정기간행물은 독서, 수학, 과학, 영화, 음악 등 각 분야의 흥미로운 지식과 최신 뉴스를 제공하기 때문에 마니아적인 성격이 강하게 드러납니다. 따라서 정기간행물을 선정할 때는 특정 주제를 선호하는 이용자들의 의견을 최대한 반영하기 위해 노력합니다. 먼저, 교사들의 신청을 적극 수용합니다. 교과 시간은 물론 학급활동 시간에 활용할 수 있는 방안을 제안하는 것도 좋습니다. 이어서, 동아리 활동과 연계하여 활용할 수 있는 방안을 모색합니다. 동아리 활동 주제와 관련된 정기간행물이 생각보다 많습니다. 축구를 좋아하는 아이들에게 〈베스트 일레븐〉은 필독 도서로 여겨지고 영화를 좋아하는 학생들에게는 〈씨네21〉이 인기입니다. 학교도서관에 두껍고 어려운 책만 있을 필요가 있나요? 학생들이 흥미롭게 활용할 수 있는 자료도 필요합니다.

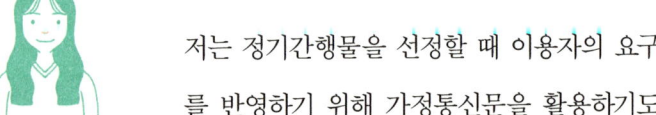 저는 정기간행물을 선정할 때 이용자의 요구를 반영하기 위해 가정통신문을 활용하기도 합니다. 그리고 정기간행물을 구입할 때는 정기구독센터를 활용합니다. 각각의 정기간행물 구독을 위해 연락을 하고 견적서를 받아서 계약을 하려면 시간이 오래 걸리고, 아는 범위에서 정기간행물을 선정하게 되면 다양한 책을 구독하기 어렵습니다. 이와 달리 '더매거진'과 같은 정기구독센터를 활용하면 다양한 주제별 잡지를 살펴볼 수 있고 가격도 비교하면서 정기간행물을 고를 수 있습니다.

27

교사가 수업에 사용한다고
책을 많이 사달라고 해요.
교사가 원하는 책은
다 사줘야 하나요?

도서관에는 책을 보관할 수 있는 장소와 책을 구입할 수 있는 예산이 한정되어 있습니다. 그래서 도서관 담당자는 이용자가 원하는 책이더라도 무조건 구입해서는 안 됩니다. 현재 도서관의 주제별 장서 비중과 구입하고자 하는 도서의 적절성, 주제의 적시성 등 도서 구입의 우선순위 기준을 정하고 그에 맞춰서 구입해야 합니다. 결국 교사들이 구입을 원하는 책이라고 할지라도 도서관의 상황과 구입 목적을 고려해서 구입해야 하겠죠?

교사들도 이용자니까 당연히 들어줘야겠지요. 그런데 가끔씩 무리한 부탁을 하는 교사도 있습니다. 개인 시험을 위한 문제집이나, 한 종의 책을 40권이나 구매 요청하기도 합니다. 학교도서관 담당자는 이와 같은 요청에 거절을 해야 하기도 하는데요, 개인 대 개인으로 거절을 하면 상대가 기분 나쁘게 여길 수도 있습니다. 도서관운영위원회에서 논의하는 것도 모양새가 좋지는 않습니다.

이와 같은 무리한 요청을 받으면 저는 시도교육청의 공문을 활용해 거절하곤 합니다. 각 시도교육청에는 학교도서관 전담부서가 있습니다. 이 전담부서는 각 학교의 도서관 운영을 지원하기 위해 존재하는 것이므로, 학교도서관 담당자들의 의견을 경청하는 편입니다. 지역 사서교사 협의회에서 의견을 모아 학교도서관에 필요한 예산, 지침 등을 공문에 반영해 달라고 요청하면 들어주기도 합니다. 공문에 '학교도서관 운영의 효율화를 위해 복본을 지양한다.(5권 이하)' 같은 지침을 포함시킬 수도 있습니다. 이런 지침이 담긴 도교육청 공문 내용을 적시하여 과한 도서 구입 요청을 거절하면 마음의 부담을 덜 수 있습니다.

28

관리자가 도서 구입을 지시하며
책 몇 권을 주었는데,
책이 기준에 못 미쳐요.
어떻게 해야 할까요?

관리자가 구입을 권하는 책은 두껍고, 무겁고, 아주 오래된 느낌의 사진과 디자인 위주로 구성된 경우가 많습니다. 학생들은 이런 책을 잘 읽지 않습니다. 이래서 도서관 운영규정이 필요하고, 학교도서관운영위원회 활성화가 필요합니다. 도서관 운영규정은 보통 학교에서 만들지 않습니다. 법정 장부가 아니라서 그럴까요? 작성해서 학도위에 통과하면 되는데, 만들어 보니 여러모로 좋습니다. 일괄된 도서관 운영, 자료 선정 등에서 말이지요. 저희 학교의 도서관 운영규정을 살펴보면, 관리자의 도서 구입 요구에 대해서는 2장 10조에 의해서 학도위로 넘길 수 있습니다.

제 10조(자료 선택 기준) ① 자료 구입 계획 수립 시 자료의 선정 기준은 다음과 같다.

1. 학교 교육과정

    가. 학교 교육 목표 달성에 도움을 주는 자료

    나. 교육과정과 일치되고 연관되는 자료

    다. 생활지도, 특별활동, 진학지도, 직업선택지도 등에 도움을 주는 자료

2. 이용자의 특성

    가. 학생의 발달단계 - 지적 능력 이외에 정서 함양, 사회성 발달, 흥미 고려

    나. 학습 능력 - 문제해결능력 신장에 도움을 주는 자료

    다. 학습 형태 - 개별학습, 모둠학습에 도움을 주는 자료

    라. 교사의 교과 지도에 관련된 자료

3. 자료의 지적 내용

    가. 사회적, 도덕적으로 용납된 자료

    나. 다양한 관점을 대표하고 있는 자료

    다. 사고능력을 키워줄 수 있는 자료

4. 자료의 물리적 특징

    가. 제본 상태

    나. 활자 및 종이의 질

    다. 그림, 삽화의 질

    라. 저자의 권위

29 왜 도서관에서 만화책을 빌려주냐는 민원에 어떻게 대처하면 좋을까요?

"아이가 만화책을 너무 좋아해요. 글밥 많은 책도 이렇게 읽으면 좋을 텐데… 이대로 만화책을 읽혀도 될까요?" 또는 "학교도서관에서 만화책을 왜 빌려주나요? 더 좋은 책들을 읽을 수 있도록 교육해 주세요."라는 말을 많이 듣곤 합니다. 출간되는 만화가 점점 다양해지고 깊이 있는 내용을 담은 만화도 많이 나오고 있습니다. 그래서 단순히 아이가 만화책을 읽는다는 점보다 아이가 어떤 만화책을 읽느냐에 대해 짚어 보는 게 더 중요해 보입니다.

학교도서관에서는 도서 구입 시, 학생들의 눈높이에 맞고 재미와 더불어 지식을 습득할 수 있는 만화책 위주로 구입한다는 점을 학부모들에게 어필하면 어떨까요? 그리고 만화책은 재미와 유익함을 동시에 전달하기 때문에 아이들이 재미있게 공부할 수 있는 자료가 될 수 있다는 것도 전합니다. 그리고 무조건 만화책을 못 읽게 하는 것보다는 더 다양한 책을 읽을 수 있도록 유도하는 것이 좋겠다고 안내할 수 있습니다.

"우리 학교는 만화책도 빌려줘요?"

중고등학교에서는 일부 선생님이 이렇게 묻곤 합니다. 만화책의 흡인력이 강력해서 학생들이 수업 시간에 만화책을 읽기 때문이지요. 수업 시간에 만화책 읽는 일이 반복되었을 때, 만화책 대출을 금지하기도 했습니다. 문제의 원인은 수업 시간에 만화책을 읽는 것인데, 처방은 만화책 대출 금지라니 가혹하기도 하고 문제의 원인과 처방이 동떨어진 느낌도 있었지요. 다음 해에는 만화책 대출을 지속했습니다. 학생에게 수업 시간에 보지 않겠다는 약속을 받고 대출을 계속했지요. 그런데 약속이 지켜지지 않는 경우가 생겼고, 동료 교사와 불편해졌습니다. 참 어렵더군요. 그래서 원칙대로 합니다. 수업 시간에 만화책 보다가 들키면 보통 선생님에게 압수당하더군요. 그만큼 연체가 되겠지요? 연체만큼 책을 못 빌리게 둡니다.

30 고등학교 도서관에 왜 그림책이 있냐고 물어요. 뭐라고 답하면 될까요?

그림책은 고등학교에서도 훌륭한 수업자료가 될 수 있습니다. 그림책은 한정된 수업 시간 안에서 학생들이 함께 읽고, 서로 생각과 느낌을 나누는 활동을 가능하게 합니다. 그림책을 여러 가지 교과와 접목해 생각을 여는 동기 유발 자료로 활용할 수도 있습니다.

고등학교 도서관에 그림책 서가가 있다면, 학생들이 그림책을 함께 읽으면서 공부 때문에 지친 마음을 말랑말랑하고 평온하게 만들 수 있을 것입니다. 그림책은 따스한 치유의 힘도 지니고 있으니까요.

그림책 수업 참고자료

『14가지 빛깔의 그림책 수업』 그림책사랑교사모임, 교육과실천

그림책을 읽고 함께 소통하며 진행한 14가지 수업을 안내하고 있으며 연극, 미술, 놀이 등과 접목한 구체적인 수업 방법을 담고 있습니다.

『생각이 자라는 그림책 토론 수업』 권현숙 외, 학교도서관저널

중고등학교에서 그림책을 활용해 다양한 토론 기법으로 진행한 그림책 토론 수업의 구체적인 방법을 소개하는 책입니다.

『작가와 함께 하는 그림책 토론 수업』

그림책사랑교사모임, 학교도서관저널

초중등 교사가 그림책을 읽고 진행한 토론 수업을 담고 있는 책입니다. 토론 전후 활동과 다양한 예시, 상세한 수업 과정 등을 안내하고 있습니다.

『말랑말랑 그림책 독서 토론』 강원토론교육연구회, 단비

초중고등학교에서 근무하는 교사들이 교실에서 실천했던 내용을 바탕으로 쓴 책입니다. 그림책을 읽고 토론하는 수업의 노하우가 담겨 있습니다.

 그림책의 장점은 매우 다양해서 중학교나 고등학교 학교도서관에 그림책이 비치되는 것은 아주 자연스러운 일입니다.

첫째, 누구나 흥미롭게 접근할 수 있습니다. 책을 통해 많은 것을 배울 수 있다는 것은 누구나 동의하는 상식입니다만, 학업에 지친 고등학생들에게는 책을 읽는 것 자체가 부담으로 여겨질 수도 있습니다. 읽기 싫은 책을 억지로 강권하는 것은 오히려 독서에 대해 나쁜 감정을 유발하는 원인이 될 수도 있습니다. 따라서 독서에 흥미가 없는 학생들을 대상으로는 쉽고 편안하게 접근할 수 있는 형태의 독서 자료를 활용하는 게 좋습니다. 대표적인 것이 바로 그림책이죠. 그림책의 최대 장점은 독서 흥미가 낮은 학생들에게도 쉽게 다가갈 수 있다는 점입니다.

둘째, 수업 시간에 활용하기 좋습니다. 사서교사의 경우 국가수준의 교육과정을 반영한 교과서가 존재하지 않기 때문에 수업에 필요한 교육 내용과 교재 등을 스스로 개발해야 합니다. 특히 한 시간 단위의 독서활동에 활용하기 적합한 독서 자료를 발굴하는 것은 쉬운 일이 아닙니다. 그림책은 독서교육 자료로 손색이 없습니다. 그림책에는 다양한 은유적 표현이 존재합니다. 숨은그림찾기 하듯 그림책 속에 담긴 의미를 찾아가는 과정은 그 자체로 흥미로운 수업이 됩니다. 거기에 말과 글로 표현하는 과정이 병행된다면 학생들의 사고력을 키우고 표현력을 증대시킬 수도 있습니다.

셋째, 독자의 가치관 형성에 긍정적으로 기여할 수 있습니다. 그림책은 관계, 사랑, 우정, 실존, 삶의 가치 등 폭넓은 주제를 다루기도 합니다. 문제를 일으켜 독서상담이 필요한 학생, 자신의 꿈을 찾지 못해 방황하는 학생, 공부에만 매진해 주변을 잘 돌아보지 못하는 학생 등에게는 쉽고 편하게 다가갈 수 있는 그림책을 통해 자신의 가치관을 돌아보는 계기를 마련해 줄 수 있습니다.

물론, 그림책의 장점을 활용하기 위해서는 그림책에 대한 지식이 필요합니다. 최근에는 그림책을 주제별, 작가별로 소개한 책이 많이 출간되고 있습니다. 이러한 책은 그림책을 이해하는 데 많은 도움이 될 것입니다. 하지만 선생님 스스로 읽고 판단하는 과정이 반드시 필요합니다. 그 과정에서 다른 사람이 보지 못한 새로운 것들이 보이기도 하고 학생들에게 적용할 수 있는 것들을 찾을 수도 있습니다.

31 재학생, 졸업생의 도서 연체를 막는 효과적인 방법이 있을까요?

반납이 연체된 책을 효율적으로 돌려받을 수 있도록 시스템을 만드는 게 우선이겠지요? 각 학교는 졸업생, 진급생을 대상으로 졸업사정회, 진급사정회(이하 사정회)를 합니다. 사정회는 학교별로 학업성적관리위원회에서 만든 학업성적관리규정이라는 제도에 근거하여 열립니다. 학업성적관리규정의 여러 규정 중에 포상 추천 제외 기준이 있는데, 여기에 도서관 연체 학생에 대한 포상 추천 제외 기준을 추가할 수도 있습니다. 예를 들어 "30일 이상 도서 연체 기록을 가진 학생은 포상을 제외한다." 등의 기준을 마련하고, 학생들에게 홍보하면 책 반납이 잘됩니다.

조금 더 효과적인 방법은 교육입니다. 이용교육을 통해 도서 연체의 여러 가지 나쁜 점을 학생들에게 이야기합니다. 도서 연체는 사회적 약속을 어기는 것이며, 책을 오랫동안 독점하면 그 책을 읽고 싶어 하는 사람에게 제때 책을 제공할 수 없다는 점 등을 알려 줍니다.

그럼에도 연체를 하는 경우는 생깁니다. 한 달에 한 번 이상 책을 연체한 학생들에게는 문자, 편지 등으로 고지해 주면 좋습니다. 딱딱한 말투보다 네가 빌린 책을 누군가 애타게 기다리고 있다는 식으로 표현하면 훨씬 더 빠르게 책이 회수되는 편입니다. 이렇게 해도 책 반납을 안 하거나, 찢긴 책을 반납하는 학생이 있기 마련입니다. 이런 경우에는 DLS 상에서 분실, 파손 등으로 처리할 수밖에 없습니다.

언젠가 3월에 등기를 받은 적이 있습니다. 책을 반납하지 못해 죄송하다는 짧은 편지와 책이 담겨 있었습니다. 이 등기를 받기 전까지는 책 반납을 안 한 학생보다 학교도서관을 담당하는 제가 스트레스를 더 많이 받은 듯합니다. 아이러니하지요? 우리 정신 승리합시다. '오. 책이 얼마나 유익하면, 학생들이 몇 번이나 더 읽으려고 반납을 못하고 있을까?'

32

도서를 구입할 때
DLS에서 복본을 한 권씩
검색하려니 힘들어요.
쉽게 할 수 있는 방법은 없나요?

구입 희망 자료 목록을 수합한 후에 반드시 거치는 작업이 우리 학교도서관에 신청한 자료가 소장되어 있는지 확인하는 복본 검색이지요. DLS에서 복본을 한 권씩 검색하면 시간이 정말 오래 걸리는데요, DLS에서도 복본을 한꺼번에 검색할 수 있는 방법이 있습니다.

1. 복본 여부를 확인할 도서의 목록을 작성해 주세요. 필수로 입력할 데이터는 '자료명, 저자, 발행처, 자료유형, 신청개수, 신청자 ID, ISBN'입니다. 신청자 ID는 어떤 이용자 ID여도 괜찮습니다.(예: 관리자 ID)

2. 수서 작업 시 인터넷 서점에서 구입하고자 하는 책을 검색하여 장바구니에 담은 후 '엑셀저장'을 하면 장바구니의 책이 엑셀로 정리가 되어 저장됩니다. 이 엑셀 파일에는 정가, ISBN 정보 등이 담겨 있는데, 복본 여부를 확인할 목록에는 필요한 항목만 편집하여 배치할 수 있습니다.

3. DLS의 메뉴에서 [자료신청/등록]-[신청자료관리]-[신청자료반입]-[찾아보기]를 통해 작성한 파일을 불러옵니다. [파일업로드]를 눌러서 파일을 업로드합니다.

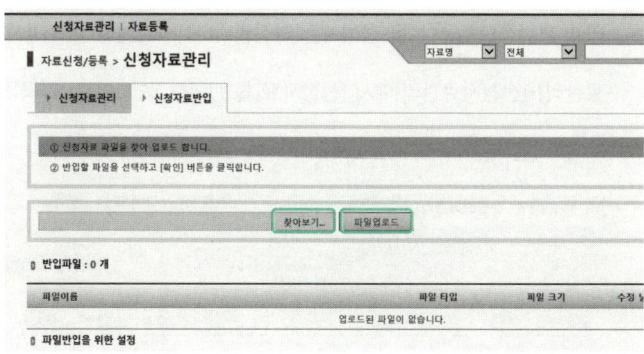

4. 업로드한 파일을 선택한 후 [확인]을 누릅니다.

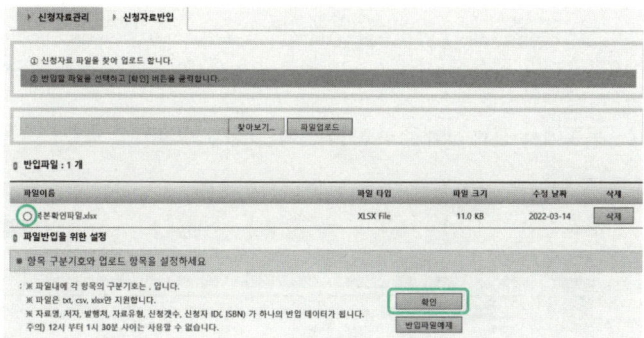

5. 반입된 자료 목록이 뜨면, '전체 선택'을 하고 [완료]를 누릅니다.

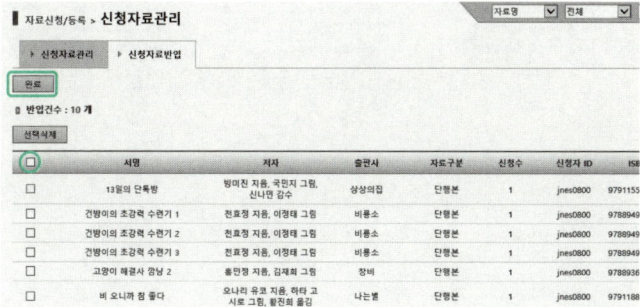

6. 이제 본격적으로 복본을 검색하는 과정입니다. [자료신청/등록]-[신청자료관리]-[신청자료관리]에서 [선정자료]를 선택한 후, [100건 출력]을 선택하고 [검색]을 누릅니다.(한 번에 최대 100건까지 검색할 수 있어요.)

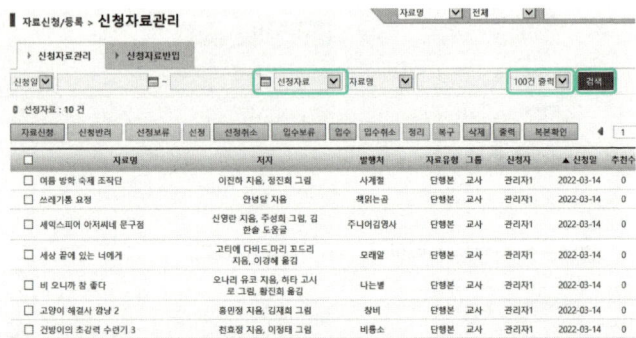

7. 목록에서 '전체 선택'을 하고, [복본확인]을 누릅니다.

8. 복본이 있는 자료는 '복본권수: ○○건'이라고 표시됩니다. 맨 왼쪽 [더보기] 아래쪽 [+]를 누르면, 복본의 상세 정보를 확인할 수 있습니다.

33 폐기를 권장하는 시대,
이 책 정말 버려도 될까요?

도서관의 최신성을 유지하기 위해서는 매년 도서관 자료의 일정량을 폐기할 필요가 있습니다. 파손되거나 훼손된 책, 시대에 따라 이용 가치가 없어진 책 등을 버리고 공간을 비워야 새롭고 재밌는 책들로 도서관을 채울 수 있기 때문이지요. 이와 관련한 내용을 법으로 정해 놓기도 했습니다.

> **도서관법 시행령 [별표 1의2]**(개정 2020.12.1.)
> 도서관자료의 교환·이관·폐기 및 제적의 기준과 범위(제3조제2항 관련)

1. 도서관자료의 교환 및 이관의 기준

    가. 보존 및 활용 공간의 효율화

    나. 도서관 자료에의 접근 및 이용의 편의성

    다. 내용의 충실화 및 최신 자료의 확보

2. 도서관자료의 폐기 및 제적의 기준

    가. 이용가치의 상실 여부

    나. 훼손, 파손 또는 오손

    다. 불가항력의 재해·사고나 그밖에 이에 준하는 사유로 인한 도서관자료의 유실

    라. 그 밖에 도서관의 관장(학교도서관의 경우에는 학교의 장을 말한다. 이하 제4호에서 같다)이 필요하다고 인정하여 정하는 사항

3. 도서관자료의 폐기 및 제적의 범위는 연간 해당 도서관 전체 장서의 100분의 7을 초과할 수 없다. 다만, 법 제30조제2항에 따른 도서관운영위원회 또는 그에 준하는 위원회의 심의를 통해 결정한 경우에는 연간 도서관 전체 장서의 100분의 7을 초과하여 도서관자료의 폐기 및 제적을 할 수 있다.

4. 제1호부터 제3호까지에서 규정한 사항 외에 도서관자료의 교환·이관·폐기 및 제적에 필요한 세부 사항은 도서관의 관장이 정한다.

법으로 정한 기준이 모호하다 보니 도서관을 운영자 입장에서는 폐기할 때 고민이 되곤 합니다. '이 책은 지난 10년 동안 거의 이용되지 않은 책이라 폐기하는 게 맞는 것 같은데 혹시 나중에 누가 찾으면 어떻게 하지?', '요즘 오래된 책의 개정판이 많이 나오던데, 기존 책을 폐기하고 개정판을 구비하는 게 더 낫지 않을까?' 등을 고민하게 됩니다. 이럴 때 다음 내용들을 고려해 보면 어떨까요?

폐기를 진행하기 전에 생각해 보기

1. 현재 우리 도서관은 주제별 장서 기준에 적합하게 구성되어 있는가?
2. 도서관에서 소장하고 있는 책 중 개정판이 나온 책이 있는가?
3. 파훼손 등으로 이용가치를 상실한 책인가?
4. 대출기록을 살펴보았을 때 이용 빈도가 거의 없는 책인가?
5. 다량의 복본 소장이 필요한 책인가?

34   사회적으로 논란이 된
작가의 책이 도서관에 있을 때,
그 책을 검열해야 할까요?

학교도서관운영위원회 개최를 적극 권장합니다! 여러 위치에 있는 사람들의 목소리를 듣고 그들과 논의해서 결정한다면, 그 도서를 빼내든 그대로 두든 교육적 가치에 합당한 결론을 낼 수 있을 것입니다.

2018년에 학생들이 한 작가의 책을 들고 저를 찾아온 적이 있습니다. 우리 학교도서관에 이런 사람의 책이 있으면 안 된다는 의견을 들고요. 저는 도서관에서 어떠한 이유로도 자료에 대한 검열을 할 수 없다는 입장을 내세웠습니다. 어떤 책을 선택해서 읽느냐 마느냐는 읽는 사람의 문제라고 주장했지요. 이에 대해 도서부 주관으로 토론회를 개최했습니다. 결론이 어떻게 나왔냐고요? 검열이 필요한 도서를 별도로 비치하고 그 이유를 기록하기로 했습니다. 선택은 이용자의 몫이라는 내용도 함께요. 논란이 된 작가에 대한 판결이 나오지 않았는데, 도서부 학생들이 유죄로 확정된 것처럼 작성해서 문제가 되기도 했습니다. 여기서 중요한 점은 어려운 선택을 해야 할 때는 도서관의 주된 이용자인 학생들에게 물어보고 그 결과를 반영해야 한다는 것입니다.

우리나라는 언론과 출판의 자유가 보장된 나라입니다. 시중에서 판매, 유통이 되는 자료를 학교도서관에서 다시 검열하는 것은 이중 검열에 해당된다고 볼 수 있습니다. 이는 이용자의 선택의 자유를 박탈하는 문제를 야기하게 됩니다. 따라서 특정한 자료에 대한 윤리적 판단은 학교 구성원들이 논의를 통해 민주적으로 이루어질 수 있도록 해야 합니다. 사안에 따라 학교도서관운영위원회의 심의를 통해 결정할 수도 있습니다.

4

탐하고 싶은
도서관 프로그램

"선생님, 지난번에 책 읽는 라디오에서 김혜원 작가의 『나 같은 늙은이 찾아와줘서 고마워』를 읽고 녹음했잖아요. 우리 주변에도 그런 홀몸 할머니가 계시나요?"

"선생님, 지난번에 강경수 작가의 그림책 『거짓말 같은 이야기』 읽어 주신 거 기억하시나요? 그 책 읽고 아직도 마음이 불편해요."

기억에 남는 학생들의 질문입니다. 이 질문들은 학교도서관 프로그램으로 발전했습니다. 학생들과 함께할 수 있는 도서관 프로그램은 다양합니다만, 학생들의 질문이나 말로 프로그램을 시작한 경험은 특별했습니다. 위 학생들의 공통점은 책을 읽고, 무언가를 하면서 질문을 남겼고, 마음이 움직였다는 점이지요. 저는 학생들의 질문에 이렇게 대답했습니다.

"당연히 계시지. 주민자치센터에 전화해 보면 알 수 있을걸. 전화해 볼래?"

"마음이 불편한 것은 동정이나 연민? 아니면 자기반성? 어떤 것이든 상관없어. 어떻게 하면 조금이라도 이런 세상을 바꿀 수 있을지 고민해 볼래?"

질문한 학생뿐 아니라 도서부에게도 같은 질문을 던졌습니다. 질문은 주변의 홀몸 노인을 찾아가는 계기가 되었고, 주말에 공원에서 플리마켓을 열어서 아이티 친구들에게 마음을 전달하는 도서관 프로그램이 되었습니다.

모든 프로그램이 다 나름의 가치를 담고 있지만, 학생들의 질문에서 시작한 프로그램이 기억에 남습니다. 아마 진한 배움이 있어서겠지요? 학교도서관에서 눈과 머리로만 읽는 책이 아니라, 현장에서 손과 발로 책을 읽었다는 경험이 소중하다는 것을 깨달아서겠지요? 학교도서관 프로그램을 통해 길을 찾고 만들어가는 학생들을 보면서 교사들도 배우면서 성장합니다. 그게 학교도서관의 길이 아닐까 생각해 봅니다. 이런 의미를 품고 질문과 답변을 다뤘습니다.

35   프로그램 진행할 때 학생들을
주도적으로 움직이게 할 수 있는
방법이 없을까요?

학교도서관 프로그램을 기획하는 것부터 학생들과 함께하는 건 어떨까요? 학생들과 모여서 아이디어 회의를 하고 프로그램을 기획한다면 학생들은 프로그램의 시작부터 참여했다는 생각에 자신감과 흥미를 가질 수 있고 잘 해내야겠다는 책임감을 느낄 수도 있어요.
프로그램의 목적과 목표를 정했다면 이에 맞게 학생들에게 개방형 질문을 던져 보세요.

- 도서관에 더 많은 학생을 오게 하려면 어떤 프로그램을 운영하는 게 좋을까?

- 문학책만 많이 읽는 아이들에게 다양한 주제의 책을 읽게 하려면 어떤 프로그램이 좋을까?
- 선생님과 학생이 함께 참여하는 독서 프로그램을 어떻게 운영하는 게 좋을까?

이렇게 학교도서관 프로그램의 기틀을 다진 후에는 1인 1역할을 정하는 것도 좋습니다. 프로그램 진행 과정을 찍는 포토그래퍼, 홍보 포스터를 제작하는 디자이너 등 할 일을 다양하게 나누고 학생들에게 각자 역할을 맡을 수 있도록 합니다. 그러면 학생들이 목표 의식을 갖고 프로그램에 더욱 열심히 참여할 것입니다.

1단계	프로그램 기획단 편성(학기 단위, 학년 단위)
2단계	아이스 브레이킹(생각보다 엄청 중요합니다.)
	*저는 『서준호 선생님의 교실놀이백과 239』라는 책을 참고합니다. 유튜브에서 레크레이션 영상을 보기도 합니다.

3단계	공동의 목표 설정 및 동기 부여
4단계	명확한 역할 분담 및 조력 (학생들에게 부족한 부분이 생기면 그 부분을 어떻게 지도할 것인지 연구하고, 때에 맞춰 지도해야 합니다.)
5단계	주기적인 워크숍을 통해 학생 친목 도모 및 역량 강화
6단계	과정을 통한 결과물 공유 및 상장 추천

시도별로 다르지만 학교도서관 운영에 도움을 주는 학생을 교육감 표창에 추천할 수도 있습니다. 저는 해마다 1명씩 정해서 교육감, 국립어린이청소년도서관장 상을 추천합니다. 그리고 사서교사가 주는 상장과 상품을 만들어서 수여하기도 합니다. 연말에는 기획단만의 여행을 떠나기도 합니다.

위 과정을 거치면 프로그램 기획단은 주도적으로 움직입니다. 기획단만 할 수 있는 활동을 구성해서 기획단의 자존감을 높이고, 기획단에게 무엇이든 할 수 있다는 자신감을 갖게 할 필요가 있습니다.

프로그램을 성공적으로 운영하기 위해서는 참여자의 의견을 수렴하는 과정이 필요합니

다. 기획부터 평가까지 학생들과 같이 논의하고 조율하면서 학생들의 능동적인 참여를 유도해야 합니다.

몇 년 전 동아리 학생 100여 명을 대상으로 토론 한마당을 운영한 적이 있습니다. 약 4개월에 걸쳐 진행되었는데, 동아리 대표와 이 행사에 관심 있는 학생이라면 누구나 의사결정 과정에 참여하도록 했습니다. 누구나 각종 회의에 참여하여 의견을 제시할 수 있었고, 논제 구성이나 대회 진행 방식 등에 대한 다양한 의견을 반영하면서 의미 있게 프로그램을 진행할 수 있었습니다. 구성주의에서 강조하는 것은 지식을 스스로 구성하는 과정 중심의 학습입니다. 학생들이 스스로 만들어갈 수 있는 다양한 방법을 고민하고 시도해 본다면 학생들의 적극적인 참여를 자연스럽게 이끌어 낼 수 있을 것입니다.

36 프로그램 운영 예산이 부족해요.
지원을 받을 수 있는
공모 사업이 있을까요?

도서관 프로그램은 식재료를 맛있게 요리하는 일에 비유할 수 있습니다. 도서 구입은 식재료를 준비하는 일이 되고요. 도서 구입 예산은 학교 기본운영비의 3%를 필수로 지정하는 시도교육청이 많은데, 도서관 운영비는 지역별로 천차만별입니다. 도서관 활성화를 위해서는 프로그램 운영이 꼭 필요한데, 맛있는 프로그램을 위해서는 예산이 필요조건이 됩니다. 당장 도서관 운영비가 부족하다면 공모 사업을 통해 예산을 확보하는 게 도움이 될 수 있습니다.

청소년 독서토론 한마당 	전국 중·고등학교를 대상으로 다양한 교내 토론활동을 운영할 수 있도록 지원하는 공모 사업입니다. • 프로그램: 독서토론 프로그램을 학교별 자율적으로 기획·운영 • 지원사항: 각 학교별 100만 원 운영비 지원 • 신청시기: 3월 중 • 운영기간: 공고일~12월 • tip: 프로그램 지도교사를 대상으로 하는 연수 때문에 수강 신청한 선생님도 많고 연수 평가도 좋음
1318 책벌레들의 도서관 점령기 	전국 중·고등학교를 대상으로 자유학기제와 연계한 진로·직업 탐색 독서프로그램 등 다양한 활동을 지원하는 공모 사업입니다. • 프로그램: 운영학교 담당교사가 학생들과 함께 독서문화 프로그램을 기획 및 운영 • 지원사항: 도서, 강사료, 운영물품 등 • 신청시기: 2월~3월 초 • 운영기간: 4월~10월 • tip: 운영 물품을 구입할 때 별도의 품의 없이 이용할 수 있도록 체크카드를 배부함. 열심히 참여한 교사, 학생에게 표창장 수여
책톡! 900 독서클럽 	아이들의 독서활동에 관심 있는 교사 1명과 십 대 학생 5~8명으로 구성된 독서 동아리의 활동을 지원하는 사업입니다. • 프로그램: 함께 고른 책을 읽고, 책 이야기를 나누는 독서 동아리 활동을 지원 • 지원사항: 독서동아리 활동비 • 신청시기: 3월 중 • 운영기간: 연중 • tip: 180분씩 5개월 이상 독서토론을 하자는 의미 광역 단위의 지역 리더가 있어야 운영 가능
킥킥 청소년 책 수다 	또래들과 책을 읽고 마음껏 수다 떨 수 있도록, 청소년 3명 이상의 소규모 동아리 활동을 지원하는 사업입니다. • 프로그램: 청소년 출판사들이 제안한 책 선물을 받고 함께 책 수다 진행 • 지원사항: 책 수다를 떨 수 있는 책 선물 • 신청시기: 5월경 • 운영기간: 선정일~10월

지역 공공도서관과 협력하여 프로그램을 운영하는 방법도 있습니다. 시청이나 군청의 교육환경개선사업은 꽤 큰 예산을 지원해 주기도 합니다. 2017년에 한 지역의 시청으로부터 7,000만 원을 지원받아 54명의 학생과 중국으로 독서 여행을 다녀온 적이 있습니다. 4월부터 관련 일을 시작해서 7월에 여행을 다녀오고, 10월에 책을 내기까지 꽤 오랜 시간이 걸려서 힘들었지만, 즐거운 경험이었습니다.

좀 더 풍성한 프로그램을 운영하고 싶은데, 운영비가 넉넉하지 않아 고민이 되는 경우가 있더라고요. 저는 예산 지원을 받을 수 있는 길을 찾기 위해, 학년 초에 공문을 꼼꼼히 확인하는 편입니다. 매년 2~3월에는 교육청뿐만 아니라 지자체, 기타 기관에서 주관하는 다양한 공모 사업 안내문이 옵니다. 학교도서관 프로그램과 연계해서 운영할 수 있는 사업도 있으므로, 공문을 잘 살펴서 신청해 보길 추천합니다.

37 특별한 학교도서관 프로그램을 운영해 보고 싶은데 참고할 만한 내용이 있나요?

다양한 프로그램 사례가 있는 사이트를 소개합니다.

1318 책벌레리더스	'1318 책벌레들의 도서관 점령기'는 국립어린이청소년도서관에서 운영 지원하는 청소년 독서문화프로그램입니다. 해마다 이 프로그램에 참여한 학교들이 운영했던 독서 프로그램에 대해 작성한 자료를 모아둔 자료집을 PDF 파일로 다운로드받을 수 있습니다.
와글와글 청소년 독서토론 한마당 운영사례집	'청소년 독서토론 한마당'은 문화관광부에서 주최하는 교내 토론 활동 지원 프로그램입니다. 2017년부터 이 프로그램을 기획·운영한 학교들의 사례집을 다운로드받을 수 있습니다. 2017년~2019년에는 초등학교 사례도 함께 있습니다.

38

학생들을 도서관으로
불러 모을 수 있는 단기 프로그램
추천해 주세요.

학기 초에 실시하는 도서관 이용교육과 더불어 학생들이 학교도서관에 스스로 찾아올 수 있도록 만드는 재미있는 책놀이를 시도해 보는 건 어떨까요? 학교도서관을 마음 편하게 올 수 있는 장소라고 인식하도록 선물과 간식이 있는 이벤트를 여는 건요? 방학 중에 도서관에서 시간을 보내며 책과 친해질 수 있게 만드는 프로그램은 어떤가요? 마음을 담아 책을 선물할 수 있는 기회는요? 학생들에게 도서관과 가까워지면서 책 읽는 계기를 만들어 줄 도서관 프로그램을 소개합니다.

프로그램명	설명	QR
책 읽고 추첨하여 상품 받기	추억의 뽑기판을 이용한 독서 흥미 자극 프로그램. 책을 대출하여 읽고 반납하면 뽑기 기회를 제공하고 당첨되면 상품을 줍니다.	
학교도서관 북 카페	학교도서관에서 책을 대출하여 읽으면 다과를 제공하는 프로그램입니다.	
책놀이	책을 읽는 것보다 책을 활용하여 즐겁게 놀이를 하는 프로그램. 책 자체를 꺼려하는 학생들에게 접근하기 좋습니다.	
도서관 소식지 퀴즈	매월 발행하는 도서관 소식지에 퀴즈 코너를 마련하고, 그 코너에 참가한 학생에게 상품을 제공합니다.	
독서교실	함께 책을 읽고 책놀이, 북아트 등 다양한 활동을 통해 책과 친해지는 시간을 가질 수 있습니다.	
나미야 도서관의 기적	히가시노 게이고의 인기 책 제목을 활용한 프로그램. 나의 고민을 편지로 적어서 도서실 우체통에 넣으면, 고민 해결에 도움이 되는 책과 함께 고민 해결 편지를 제공합니다.	
돌려돌려 돌림판	학기 초, 도서관에 대한 이용과 관심을 이끌어내기 위한 이벤트. 정해진 기간 동안 책을 빌린 학생, 책을 빌리지 않은 친구를 도서관에 데려온 학생 등에게 뽑기 돌림판을 돌릴 수 있는 기회를 줍니다.	
유튜브 생방송 북콘서트	유튜브 실시간 스트리밍 기능을 활용하여 실시간 채팅으로 북콘서트를 실시합니다.	
다읽어마이트	BTS의 <다이너마이트>라는 노래가 유행할 당시, 해당 제목을 활용하여 기획한 이벤트. 학생이 재밌게 읽은 책을 소개하는 짧은 글을 쓰면 받고 싶은 책을 응모할 수 있는 종이를 제공합니다.	
응답하라 이벤트	학생들이 태어난 해와 관련된 몇몇 선생님의 사연을 받은 다음, 학생들에게 어떤 선생님의 사연인지 맞히게 합니다. 맞힌 학생들 대상으로 추첨을 통해 해당 선생님이 추천한 도서를 상품으로 제공합니다.	

39 학생들이 마음속 깊이 만족했던
프로그램 경험을 나눠 주세요.

경험상 학생들은 가슴 깊이 '아하' 하며 깨닫는 경험을 하면 크게 만족합니다. 학생들은 대체로 오랜 시간과 노력이 드는 프로그램에 참여하기 싫어하고, 간식과 선물을 주면 만족하는 줄 알았습니다. 교과 공부를 하는 것만 해도 지칠 텐데, 책을 읽고 라디오를 진행하고, 인형극 공연을 다니고, 30일이 넘는 기간 동안 독서 챌린지에 참여하는 게 부담스러울 거라 생각했지요. 그런데 학생들의 소감문을 살펴보니 학생들은 대부분 프로그램을 위해 들여야 하는 노력과 시간을 부담스러워 하는 것이 아니었어요. 오히려 촘촘하지 못한 프로그램 때문에 공허한 시간을 보내게 될까 봐 염려했다고 하더군요. 선생님과 기획단이 함께 프로그램을 촘촘히 계획하고 이끌 때, 배움의 기쁨을 만끽하는 학생들의 모습을 볼 수 있었습니다.

이와 같은 학생들과의 경험들을 모았습니다. 프로그램에 대한 구체적인 안내도 있고, 프로그램 속에서 생겨난 사건을 이야기 형태로 풀어서 소개하는 내용도 있습니다. 이 사례들과 각자의 학교 문화, 학생의 레디네스 등을 고려하여 알찬 프로그램을 운영하면 좋겠습니다.

책 대화 (더불어 책 읽기)	교사 1명과 학생 4명이 한 팀이 되어 일 년 동안 책을 읽고, 대화를 나누는 프로그램입니다.	
독서 챌린지 (리딩마스크)	코로나19로 인해 마스크를 구하기 어려운 사람들에게 마스크를 기부하기 위해 실시한 독서 챌린지 운동. 인스타 계정을 통해 읽은 책을 인증하면 1권당 1개의 마스크를 기부하게 됩니다.	
책 읽는 라디오 (팟캐스트)	학생들이 책을 읽고, 팟캐스트 콘텐츠 창출하는 프로그램. 읽기, 라디오 기획, 대본 작성, 녹음 등 복잡한 과정으로 진행되는데, 참여한 학생의 만족도는 최상입니다!	
감정 글쓰기	사건, 생각, 감정을 연결하여 글을 씀으로써 감정을 치유하는 글쓰기 프로그램. 친구들과 함께 쓰면서 친구들의 상황에 이입되어 보기도 하면서, 서로를 이해하며 성장하는 프로그램입니다.	
그림자 인형극	여러 권의 그림책을 읽고, 이야기를 만들어 그림자 인형극을 제작해서 공연하는 프로그램입니다.	

프로그램명	설명	QR
인문고전 필사 동아리	인문고전 한 권을 정해서 매일 한 쪽씩 필사하고, 주 1회 오프라인 만남을 진행하는 동아리 모임입니다. 같은 책을 함께 읽고, 쓰고, 그에 대해 이야기 나누며 생각을 키우는 프로그램입니다.	
온라인 30일 독서챌린지	학생, 교사, 학부모 등 참가 신청을 한 30명의 참가자가 30일 동안, 매일 책을 읽고 마음에 드는 문장을 필사해서 띵커벨 사이트에 인증하는 프로그램입니다.	
책바람 프로젝트	독서동아리 학생들과 30권의 책을 선정하고, 해당 책이 교내 책바람처럼 퍼져나갈 수 있도록 진행한 장기 독서 프로그램입니다.	
사제드림 이벤트	이벤트 기간 동안 책을 빌린 학생들에게 응모권을 증정합니다. 참여자에게 학교 선생님들이 추천하는 책과 선생님의 캐리커처가 그려진 책갈피를 선물로 증정합니다.	
북빙고 이벤트	책, 도서관과 관련된 미션을 빙고 형태로 만든 후, 참가자가 해당 미션을 해결하여 빙고를 만들 때마다 상품을 증정하는 프로그램. 단순한 미션부터 학부모나 선생님과 함께하는 미션, 장기적으로 실시해야 하는 미션까지 다양하게 배치합니다.	
키워드 한 줄 쓰기	<학교도서관저널>을 통해 알게 된 이벤트를 변형하여 실시했습니다. 매일 제공하는 3개의 키워드를 활용하여 문장으로 표현할 수 있도록 합니다. 그 문장에 대해 투표를 실시하여, 가장 많은 표를 받은 사람에게 소소한 선물을 제공합니다.	

40

작가와의 만남 프로그램
전체 과정이 궁금해요.

우선 작가 선정, 섭외, 책 읽고 질문하기, 토론하기를 진행해야 합니다. 작가를 섭외하는 방법은 여러 가지가 있지만, 가장 좋은 방법은 출판사에 문의하는 것입니다. 초청하려는 작가의 책에 적힌 출판사 정보를 통해 출판사에 연락을 해서 담당자에게 작가의 전화번호나 메일 주소를 물어보면 됩니다. 작가 정보를 바로 알려주는 출판사도 있지만, 출판사가 작가와 소통한 후 알려주는 경우도 있습니다. 요즘 대행업체가 많이 생겼지만, 적정 비용으로 작가를 초청하기 위해서는 작가와 직접 소통하는 것이 좋습니다.

작가와의 만남 전, 작가에게 우리 학생들이 준비하고 있는 활동들을 설명합니다. 작가에게 강의 당일에 필요한 것이 있는지도 묻습니다. 기타 강사비 지출에 필요한 서류(강사카드, 원고, 신분증 사본, 통장 사본, 개인정보 제공 동의서 등)도 요청합니다.

행사에 참여하는 학생들과의 소통도 중요합니다. 참여 인원이 확정되면 단체 대화방을 개설합니다. 준비해야 할 내용, 일정별로 해야 할 일, 급한 공지사항 등을 톡으로 보냅니다. 학생들이 작가와의 만남에 몰입하고 작가의 책을 이해할 수 있도록 사전 독서토론 활동을 진행합니다.

행사 전날 저녁이나 행사 당일 아침에 변동 사항 안내나 조심히 오시라는 인사를 작가에게 전합니다. 기획단이 부서별로 책임을 다하는지도 점검합니다. 혹시 행사에서 나눠 줄 간식이 있다면 결제를 해야 합니다. 동료 교사에게 행사 안내를 하는 것도 잊지 말고요. 학생 기획단만 잘 운영된다면 행사 당일에 할 일은 생각보다 많지 않습니다. 그래도 매번 시간은 정신없이 흐르더라고요.

행사 후에는 학생들에게 서평 쓰기나 기사문 쓰기를 하도록 합니다. 이를 위해선 서평과 기사문에 대한 수업이 필요합니다. 1시간 정도 설명한 후에 학생들이 차분하게 쓸 수 있도록 합니다.

41 학교 밖 독서캠프, 여행을 기획해야 하는데 어떻게 해야 하나요?

 학교 밖으로 떠나는 독서캠프는 준비 과정이 복잡합니다. 다음 표는 약 80명이 2박 3일 동안 공주, 파주, 서울을 다녀온 독서캠프 흐름도입니다. 수익자 부담이 전혀 없었고, 예산은 1,300만 원이었습니다.

1. 먼저 대충이라도 계획을 수립하여 관리자와 상의해야 합니다. 장소, 참여 인원, 선발 방법, 주제, 일정, 사전답사 계획 등을 간략하게 수립한 후에 사전답사를 다녀옵니다. 이후 사전답사 결과 보고가 필요한데, 학교에 보고서 양식이 있습니다. 사전답사 전에 양식을 꼼꼼히 파악하면 사전답사 중에 어떤 것을 파악해야 하는지 알 수 있어서 좋습니다.

사전 답사	추진계획 수립 및 운영위원회 안건 제출	참가자 및 기획단 선발	기획단 협의회
2019.4.	2019.4.11.	2019.5.22.	2019.5.24.
주제도서 다시 읽기	학부모 안내문 발송	지도교사 연수	학생 안전교육
2019.6.	2019.6.12.	2019.7.10.	2019.7.17.
책 너머 꿈틀 캠프		사후 학생기획단 협의회	책 너머 꿈틀 활동 우수 시상 및 책자 제작
2019.7.19.~7.21.		2019.8.	2019.8.

2. 사전답사 후에 추진 계획과 답사 결과를 바탕으로 학교운영위원회(주의: 도서관운영위원회 아님)에 캠프를 안건으로 제출하고 설명해야 합니다. 학운위에서 통과되면, 그때부터 본격적인 준비를 시작합니다.

3. 선발 방법을 정해서 참가자를 선발하고, 참가자 중에서 기획단을 선발합니다. 기획단의 역할은 캠프의 모든 과정에서 정말 중요합니다. 주제도서 읽기와 서평쓰기 등을 선발 방법으로 활용하면 좋습니다.

4. 기획단 선발 후 학부모 동의서를 받고, 캠프 운영계획에 대해 다시 내부결재를 받습니다. 내용에 참여자 명단, 예산 사용, 구체적 일정(시간 단위) 등을 포함합니다.

5. 이때부터 기획단 협의를 자주 열어서 주제도서 다시 읽기 분위기를 만들고, 캠프 중 어떤 활동을 할 것인지 등에 대해 회의를 합니다. 일정이 없는 저녁 시간에는 어떻게 할 것인지, 문학관에서 만나는 작가와 어

떤 내용을 주고받을 것인지 등에 대해서도 논의합니다.

6. 함께하는 지도교사들은 학교장으로부터 안전 연수를 받습니다.
7. 독서캠프 전에 학생들에게 안전교육을 실시해야 합니다. 교통 안전, 숙소 안전, 질병, 시간 준수 등에 대한 교육을 합니다.
8. 계획에 따라 캠프를 진행합니다. 캠프를 다녀온 후에 학생들에게 캠프 설문과 여행에 대한 기록을 받아서 책자 형태로 제작하기도 합니다.

사서교사 3년 차 되던 해에 '독서 여행'을 처음 경험했습니다. 독서 여행 경험이 없어서 처음에는 학교 밖으로 학생들을 데리고 나간다는 것이 두려웠습니다. 하지만 독서 여행을 다녀온 후에 생각이 달라졌습니다. 제가 독서 여행에 대해 쓴 글을 공유합니다.

42   옆 학교와 함께 연합 프로그램을 운영하고 싶은데, 어떻게 하면 될까요?

학교 간 연합 프로그램의 종류는 크게 3가지로 나눌 수 있는데, 각 프로그램마다 장단점이 있습니다.

공공도서관, 교육청 등 외부에서 주최하는 프로그램의 경우, 프로세스에 따라 참여만 하면 되므로 힘과 예산을 아낄 수 있습니다. 그러나 주최 기관의 목적과 의도대로 프로그램이 진행되기 때문에 주체적이고 능동적인 참여에 제약이 있습니다.

학교 연합 주최 프로그램인 경우, 여러 학교 선생님과 학생이 기획, 진행에 참여하기 때문에 교사와 학생 모두 고생을 많이 합니다. 장소, 예산, 일정, 내용 등 모든 것을 조율해야 하니까요. 그러나 배움의 농도는 훨씬 진합니다. 학교 연합 주최 프로그램은 한 학교에서 공동 연합 프로그램 기안문을 작성해서 함께하는 학교에 발송하는 것으로 공식적인 일을 시작합니다. 프로그램 준비는 학교별로 역할을 나누어서 하면 되는데요, '서류, 기안, 의견 조율(사전 공부 방법, 내용) 등 회의 총괄', '장소 제공, 일정 및 준비물 안내 등', '물품 구입, 기타 외부 연락(작가 초청 등)'을 각각 한 학교가 맡습니다. 그리고 프로그램 사전 공부(토론, 글쓰기 등)와 행사 당일에 진행하는 일들은 모든 참가 학교가 함께 준비합니다.

우리 학교에서 주최하고 외부 학교를 초청하는 프로그램이라면, 참여하는 학생들의 외적, 내적 성장이 일어날 것입니다. 예전에 학생들이 기후 변화에 관한 내용을 일 년 동안 준비해서 포럼 형태로 공개하고, 작가와의 만남을 준비하여 다른 학교 학생과 선생님을 초청한 적 있습니다. 그 프로그램에 참여한 학생들은 인정받는 느낌을 받았다고 합니다. 실제 학생들의 만족감과 내적 성장은 말로 표현하기 어려웠습니다.

43 학교도서관 프로그램을
운영하는데
학생들이 참여를 안 해요.
좋은 방법이 없을까요?

 학생들의 참여를 유도하려면, 우선 학교도서관에서 프로그램을 실시한다고 홍보를 해야겠죠. 이때 가정통신문을 배부하거나, 메신저를 통해 선생님들에게 알리거나, 도서관 SNS 채널이나 각 반 게시판에 홍보 포스터를 붙이는 것을 통해 학생들에게 알릴 거예요. 하지만 이런 방법보다 더 효과적인 홍보 방법이 있습니다. 바로 입소문이에요. 일단 학생들 사이에서 입소문이 퍼지면 별다른 홍보를 하지 않아도 학생들이 관심을 갖고 찾아와요. 입소문을 퍼트리는 가장 좋은 방법은 프로그램 기획과 운영을 학생들과 함께 하는 거예요. 그러면 학생들이 책임감을 가지게 되고, 시키지

않아도 주변 친구들에게 홍보를 하고 친구를 데려오기도 한답니다! 이와 함께 도서관 외부에 현수막을 달거나, 배너나 입간판 등을 세운다면 프로그램 홍보 효과가 더욱 커질 거예요.

 또래 친구들에게 영향을 줄 수 있도록 학생 기획단을 조직하여 운영하면 좋습니다. 기획단을 편성한다고 하면 주로 영향력 있는 학생들이 오긴 합니다만, 그렇지 못한 경우 기획단의 영향력을 키울 수 있도록 기획단에게 많은 권한을 주세요.

장기적인 프로젝트를 기획할 경우에는 학기 초에 참가자를 모집하는 게 좋습니다. 학생들이 입학 또는 진급해서 학교생활에 대한 본인의 틀을 만들기 전에 도서관 프로그램이 학생들의 틀 안으로 들어가도록 하는 것입니다. 저는 '더불어 책 읽기(교사 1명, 학생 4명이 함께 일 년 동안 책 읽고 대화를 나누는 프로젝트)'를 편성할 때 구성원을 미리 모집합니다. 교사는 2월 새 학기 집중 준비기간에 1시간 연수를 한 후에 모집을 하고, 학생은 3월 초에 모집을 합니다. 프로그램 시작 시기도 학생들의 참여에 영향을 미치는데요, 3월이 골든타임입니다.

44 학부모와 함께하는 프로그램을 하려고 하는데 어떻게 하면 될까요?

독서캠프나 문학기행 같은 프로그램을 학부모와 함께하는 방식으로 운영해 보면 어떨까요? 학부모는 대체로 가족과 함께하는 프로그램에 은근히 관심이 많고 호응도도 높더라고요. 학생 프로그램보다 대상을 조금 더 확대해서 운영한다고 생각해 보세요. 학교도서관 프로그램은 가족 간 대화의 장이 되기도 하고, 가족-학교 간 소통의 기회가 될 수도 있을 것입니다. 프로그램에 참여했던 학부모 중에는 프로그램 후에 학교도서관의 든든한 후원자가 되는 경우도 있더라고요. 학부모 책모임 등으로 이어진다면 더욱 좋을 것 같아요.

 집에 손님이 찾아왔는데, 밥상에 숟가락 하나만 더 올리는 경우는 별로 없지요? 학부모와 함께하는 프로그램을 진행하려면 평소에 하는 프로그램보다 더 많이 준비해야 합니다. 저는 중학교에서 근무할 때 학부모와 함께하는 프로그램을 많이 운영했는데, 이런 프로그램을 혼자서 운영하는 것은 무척 어렵습니다. 교사 3~4명이 함께 해야 하고, 시뮬레이션도 필요합니다. 행사를 진행하면서 쓸 물품, 내용을 더 알차게 꾸며줄 작품(부모님의 편지 등)을 미리 준비해야 하고, 문학기행일 경우 자료집도 필요합니다.

	문학기행	캠프
준비	간식, 식사, 자료집, 해설	레크리에이션, 선물, 주제도서, 토론
부모 섭외	중고등학교의 경우 가정통신문으로 알리려고 하면 학생들이 전달하지 않는 경우가 많습니다. 자세한 내용은 홈페이지에 올리고 프로그램 관련 링크와 안내를 문자로 전송합니다.	
상품	가족 외식상품권, 생활용품 매장에서 파는 간단한 물품 등	

5

똑똑해지는 도서관 수업

우리나라 초중등교육법 제20조에는 "교사는 법령에서 정하는 바에 따라 학생을 교육한다."라는 조항이 명시되어 있습니다. 교사의 구분 가운데 하나인 사서교사의 주된 역할 중 하나도 학생을 교육하는 것이라고 할 수 있습니다.

2015 개정교육과정에서는 자기관리 역량, 지식정보처리 역량, 창의적 사고 역량, 심미적 감성 역량, 의사소통 역량, 공동체 역량을 학습자들이 갖추어야 하는 미래 핵심 역량으로 강조하며 구성주의 학습을 실현하기 위한 교육 비전을 제시하였습니다.

학습자가 스스로 지식을 탐색하고, 학습에 적용하는 구성주의 학습이 가능하려면 다양한 자료와 정보를 제공하고 활용할 수 있도록 지원하는 학교도서관 환경 구축이 필수적입니다. 이러한 환경이 갖춰져도 이를 학생들이 효과적으로 활용할 수 있어야 할 텐데요. 그래서 사서교사의 역할이 더욱 강조되고 있습니다.

그렇다면 학교 현장의 사서교사늘은 어떤 교육 활동에 참여하고 있을까요? 이번 장에서는 현행 교육과정 내에서 사서교사가 지도할 수 있는 교육활동의 범위와 선택과목 개설 등의 사례, 도서관 활용수업 및 협력수업 중 생각해 볼 거리 등을 담았습니다.

45 사서교사는 어떤 과목을 가르치나요?

아쉽게도 국가수준 교육과정에서 사서교사에게 배정된 교과는 찾을 수 없습니다. 그렇다면 사서교사는 수업을 할 수 없는 것일까요? 그렇지 않습니다. 현재 다수의 사서교사는 학교 현장에서 교실 수업을 통해 교수활동에 적극 참여하고 있습니다.

사서교사는 대체로 창의적 체험활동이나 협력수업을 합니다. 중학교에서는 자유학기제의 주제 선택과목의 형태로 수업에 참여하는 경우가 보통이죠. 최근에는 학년별로 개설되어 있는 진로 과목을 담당하는 경우가 많습니다. 사서교사가 한 학년의 진로시간에 독서교육 혹은 미디어 교육과 연계하여 수업을 진행하는 것이지요. 고등학교의 경우 고교학점제가 시행됨에 따라 교양과목을 담당하거나 선택과목의 수업을 개설하는 것도 가능합니다.

> **창의적 체험활동?**
>
> 초·중등 교육과정에서 실시하는 교과 이외의 활동으로, 2022 개정 교육과정에 따르면 자율·자치 활동, 동아리 활동, 진로 활동의 3개 영역으로 구성되어 있습니다.
>
> **자유학기제?**
>
> 중학교에서 한 학기 또는 두 학기 동안 지식·경쟁 중심에서 벗어나 학생 참여형 수업과 이와 연계한 과정중심 평가를 실시하며, 학생의 소질과 적성을 키울 수 있는 다양한 체험활동을 운영하는 교육과정을 말합니다.

46 사서교사는 비교과 교사
아닌가요?
수업을 할 수 있나요?

학교에서 근무하다 보면 사서교사를 비교수 혹은 비교과로 칭하는 경우를 자주 접하게 됩니다. 교사를 교과가 있는 교사와 그렇지 않은 교사로 구분하는 것인데, 사서교사는 보통 후자로 불립니다. 비교과는 단순하게 보면 '교수활동을 하지 않는다' 혹은 '교과가 없다'라는 뜻으로 볼 수 있습니다. 그러나 그 안에는 일종의 편견이 포함되어 있다는 생각도 듭니다. 다수의 사서교사는 열심히 수업을 하거나, 학생들을 지도하고 있는데 비교수 교사, 비교과 교사라고 치부하니 억울한 마음도 생깁니다. 그래서 이러한 표현이 적절한 것인지 검토해 보겠습니다. 먼저 우리나라 교원의 자격과

임무에 대해 명시하고 있는 초·중등교육법을 살펴보겠습니다.

초·중등교육법

제20조(교직원의 임무)

④ 교사는 법령에서 정하는 바에 따라 학생을 교육한다.

제21조(교원의 자격)

② 교사는 정교사(1급·2급), 준교사, 전문상담교사(1급·2급), 사서교사(1급·2급), 실기교사, 보건교사(1급·2급) 및 영양교사(1급·2급)로 나누되, 별표 2의 자격 기준에 해당하는 사람으로서 대통령령으로 정하는 바에 따라 교육부장관이 검정·수여하는 자격증을 받은 사람이어야 한다.

초·중등교육법 시행령

제43조(교과)

①법 제23조제3항에 따른 학교의 교과는 다음 각 호와 같다.

1. 초등학교 및 공민학교 : 국어, 도덕, 사회, 수학, 과학, 실과, 체육, 음악, 미술 및 외국어(영어)와 교육부장관이 필요하다고 인정하는 교과

2. 중학교 및 고등공민학교 : 국어, 도덕, 사회, 수학, 과학, 기술·가정, 체육, 음악, 미술 및 외국어와 교육부장관이 필요하다고 인정하는 교과

3. 고등학교 : 국어, 도덕, 사회, 수학, 과학, 기술·가정, 체육, 음악, 미술 및 외국어와 교육부장관이 필요하다고 인정하는 교과

4. 특수학교 및 고등기술학교 : 교육부장관이 정하는 교과

초·중등교육법에서 밝히고 있는 교원의 자격에서 비교과 교사라는 명칭은 찾을 수 없습니다. 그렇다면 비교과 교사라는 말은 어디에서 나온 말일까요? 초·중등교육법 시행령 제43조(교과)에는 학교급별로 각 교과를 명시하고 있습니다. 비교과라는 표현은 교과를 기준으로 나머지 교사를 통칭하는 용어로 사용되었다고 볼 수 있을 것 같아요. 하지만 이러한 구분은 적절해 보이지 않습니다. 초·중등교육법에 근거하면 사서교사는 교원의 자격 가운데 교사에 해당되며, 교사의 임무는 법령에서 정하는 바에 따라 학생을 교육하는 것이라고 명시되어 있습니다. 실제 학교 현장의 사서교사는 직간접적으로 교육활동에 참여하고 있죠. 이 모든 과정은 교육활동이라고 볼 수 있고요. 따라서 사서교사를 비교과 혹은 비교수 교사로 구분하는 것은 바람직하다고 할 수 없습니다.

47 도서관 이용교육의 팁이 있을까요?

학생 대상 도서관 이용교육을 진행하기 위해서는 우선 어떤 학년을 대상으로 몇 차시에 걸쳐서 수업할지가 결정되어야 합니다. 이러한 협의를 위해서 교무부장, 연구부장, 각 학년 부장교사와 함께 도서관 수업 운영에 대한 회의를 진행해 보길 권해요. 학년별로 이용교육 시간에 수업할 내용과 적절한 수업 시수에 대해 상의할 수 있고, 도서관 협력수업, 활용수업 등 1년 동안 진행할 도서관 수업에 대한 전체적인 계획을 수립할 수도 있답니다. 이용교육을 진행하는 수업 시수를 창의적체험활동(자율)으로 배정받으면, NEIS에 수업자를 사서교사 이름으로 기재할 수 있어요.

초등학교에서 이용교육을 진행하다 보면, 1학년 아이들을 집중시키는 게 가장 어렵더라고요. 1학년 이용교육의 첫 시간은 간단하게 진행하는 편입니다. 가족과 함께 도서관에 가 본 경험에 대해 이야기 나누면서 아이들이 자연스레 학교도서관과 연결 지을 수 있도록 해요. 도서관에 관한 그림책을 읽어 주거나 학교도서관 관련 영상을 보여 주면서 아이들이 도서관에서 지켜야 할 점을 자연스레 익힐 수 있도록 합니다.

전입해 왔거나 신규 발령을 받은 교직원을 위한 도서관 이용교육도 함께 진행하면 좋습니다. 교직원 연수 시간을 확보해서 교육할 수도 있고, 간단하게 PPT나 카드뉴스 형태로 제작해서 교내 메신저로 안내할 수도 있어요.

저는 2시간 정도 도서관 이용교육을 합니다. 첫 번째 시간에는 라포르 형성을 위해 노력합니다. 라포르 형성이 안 된 학생들을 대상으로 하는 도서관 이용교육의 효과는 떨어진다고 봅니다. 그래서 도서관에서 '도서관 빙고 게임', '빙고 게임으로 자기소개' 등을 진행합니다. 교사도 함께합니다. 그리고 다음 차시에 도서관 이야기도 하고, 책 이야기도 합니다.

48 제 수업도 있고, 협력수업도 하면
수업 시수가 너무 많아지는데
어떻게 해야 하나요?

모든 교사에게는 본인이 수행해야 하는 일이 있습니다. 그것을 직무 혹은 과업이라고 하죠. 교사에게 주어진 기본적인 직무는 교육입니다. 세부적으로는 교과 지도, 담임, 학교 업무 등으로 구분이 되겠지요. 사서교사도 기본적으로 교육 활동을 수행하기 위해 존재합니다. 그렇다면 구체적으로 어떤 직무를 수행할까요? 자세한 사서교사의 직무에 대해서는 학교도서관진흥법 시행령, 교육부의 교원능력개발평가, AASL의 사서교사 직무분석, IFLA의 학교도서관 기준 등에서 제안한 내용을 통해 확인할 수 있습니다. 이상에서 공통적으로 강조하는 사서교사의 역할은 교사이자 교육파트너, 정보전문가, 학교도서관 관리자로 요약할 수 있습니다. 세 영역을 교육 현장에 적용한다면, '학교도서관을 기반으로 다양한 정보자원을 활용하여 직접 학생들을 지도하거나 개별교과와 협력하여 학생들을 지도하는 역할을 수행하는 것'이라고 할 수 있겠지요. 결국 가장 중요한 것은 학생들을 지도하는 교육활동입니다. 물론 중요한 만큼 힘든 일입니다. 협력수업을 위해서는 많은 시간을 투자해야 하고 많은 공부가 필요합니다. 따라서 본인이 감당할 수 있는 수준에서 협력수업을 논의할 필요가 있습니다. 연초 혹은 학기 초에 안내를 하고 충분한 준비와 계획을 수립해서 접근해야 합니다. 즉흥적인 협력수업 요청에 대해서는 여력이 되지 않는다면 정중하게 거절하고, 체계적인 계획 수립의 필요성을 제시해야 합니다.

먼저 선생님이 감당할 수 있는 범위를 생각해야 합니다. 학교도서관을 운영하는 데 소홀히 하지 않으면서도, 본인의 수업을 해내면서 협력수업까지 제공할 수 있는 범위! 만약 하루에 3~4시간 수업을 범위로 정한다면, 그 범위 내에서만 협력수업이 가능하다는 것을 다른 교사에게 사전에 전달해야 합니다. 자신의 한계치를 생각하고 각 분야에서 적절한 에너지를 쏟기 바랍니다.

49

협력수업을
처음 시도해 보려고 합니다.
협력수업의 전 과정이 궁금해요!
자세히 알려 주세요.

 우선 협력수업에 대해 홍보하는 것이 필요합니다. 교내 메신저나 교직원 회의 시간 등을 활용하여 사서교사가 지원할 수 있는 협력수업의 방법과 예시들을 지속적으로 안내한다면 많은 선생님이 협력수업에 대해 알게 될 것입니다. 만약 이렇게 홍보했는데도 불구하고 선생님들의 참여가 저조하다면 선생님들에게 가서 이야기를 나눠 보세요. 선생님들과 대화하면서 사서교사의 역할과 인적자원으로서 수업에 대해 지원해 줄 수 있는 부분을 안내한다면, 분명 화답을 하는 선생님이 있을 거예요. 이렇게 협력수업의 물꼬를 트는 게 중요합니다. 한두 번 실시하다 보면 저절로 교내에 소

문이 나서 선생님이 홍보하기 전에 선생님을 찾아오는 선생님도 생길 거예요.

이후 협력수업 계획을 세울 땐 수업목표, 전반적인 차시, 담당 역할, 평가 요소, 필요한 수업도구 등에 대해 교과교사와 협의해야 합니다. 1수업 2교사로 진행할지, 차시별로 두 교사가 따로 들어가는 수업을 실시할지 등 구체적인 수업 내용을 계획해야 합니다.

1수업 2교사를 예로 들어 볼게요. 우선 교과교사가 오늘 수업의 목표를 안내하고 프로젝트 수업에 대해 설명합니다. 이어서 사서교사는 도서관 자료와 인터넷 자료 등을 활용하고 정리하는 방법을 설명합니다. 그런 다음 두 교사가 모둠별로 돌아다니며 학생들에게 필요한 도움을 제공합니다. 그리고 교과교사가 다음에 수업할 내용을 안내하면서 수업을 마무리합니다.

프로젝트 수업이든 단기 수업이든 모든 수업은 마지막에 꼭 평가가 이루어져야 합니다. 수업 내용, 방식 등 전반적인 과정에 대해 교과교사와 사서교사가 서로 피드백을 주고받는 것으로 평가를 할 수도 있으나, 더 효과적인 피드백을 위해서는 학생들에게도 평가를 할 수 있도록 하는 것이 좋습니다.

tip1. 교과교사에게 협력수업에 대해 안내할 때에는 신청 양식을 함께 보내는 것이 좋습니다. 협력수업이란 수업의 목표를 정하는 것부터 평가에 이르기까지 수업의 전체적인 과정을 교과교사와 사서교사가 함께 계획하고 실시하는 것이기에 하루아침에 이루어질 수 없습니다. 때론 수업에 필요한 도구들을 준비하는 데 많은 시간이 필요하기도 합니다. 그런데 어떤 선생님들은 바로 내일모레 실시해야 하는 수업임에도 불구하고 협력수업을 요구하기도 합니다. 이런 상황을 방지하기 위해 "최소 이주일 전에 신청"이라는 문구를 신청 양식에 포함하는 게 좋습니다.

tip2. 협력수업을 실시하기 전에 교과교사와 함께 계획한 내용을 기안문으로 정리하여 상신하는 것을 추천합니다. 이렇게 하면 추후 다른 선생님들에게 협력수업에 대해 안내할 때 편합니다. 그리고 나이스에 수업 기록이 남지 않는 사서교사에게 이 문서는 나중에 도서관에서 실시한 교육활동의 증거로 활용될 수 있습니다.

50

수업을 하는데 학생들이
성적에 반영되지 않는다며
잘 듣지 않아요.
아이들을 어떻게 사로잡지요?

저도 비슷한 경험이 있습니다. 온라인 수업을 진행하던 중 과제를 제출하지 않은 학생에게 따로 문자와 전화로 독려하고 있었는데, 한 아이가 묻더군요. "선생님, 이것도 수행평가에 들어가나요?" 순간 멍해진 저는 "아니, 수행평가는 아니야. 다만 이 모든 건 지금 네가 해야 할 수업 목표에 해당하는 과제라 꼭 해야 돼."라고 대답했습니다. 그런데 학생은 요즘 해야 할 수행평가가 많은데, 평가에 들어가는 게 아니라면 하고 싶지 않다고 딱 잘라 말하더군요. 저는 학생에게 이렇게 말했습니다. "최종 선택은 네가 하는 게 맞지만, 선생님은 너에게 꼭 해주고 싶은 말이 있어. 지금은 네가 해야 할 활동들이 아주 작은 하나의 점으로 보일 수 있어. 이 점들은 가까이에서 보면 아무것도 아닌 것처럼 보이지만, 이 점들이 모인다면 나중에 별도 그릴 수 있고 달도 그릴 수 있어. 그렇기에 네가 해야 하는 활동들은 그 활동 자체로 의미를 가지는 거야. 지금 이 수업이 성적에 반영되지 않는다고 배제한다면 네가 얻을 수 있는 가능성 중 하나를 포기하는 걸 수도 있어. 물론 앞서 말한 것처럼 최종 선택은 네가 하는 거지만 지금 해야 할 일을 해내는 것 또한 미래의 너를 위해 꼭 필요한 일이 아닐까?" 이 말을 들은 학생은 투덜거리긴 했지만, 알겠다고 하면서 과제를 제출하더군요. 이렇게까지 이야기하는 선생님에게 미안한 마음이 들어서 과제를 냈을 수도 있겠지만, 저는 그 아이의 삶을 대하는 태도가 한 단계 더 성장했을 거라고 믿고 있습니다.

수업에서 아이들을 사로잡으려면, 아이들의 관심사를 반영한 재밌는 수업을 계획하고, 학습동기를 부여하기 위해 적절한 스캐폴딩을 제공하는 것이 우선되어야 합니다. 하지만 이렇게 했음에도 불구하고 수업에 대한 의욕이 없는 학생이 있을 수밖에 없습니다. 그런 학생에게는 각자의 성향에 적합한 동기부여의 말을 건네는 것도 필요합니다.

저는 딱 한 가지만 전달하겠습니다. 수업 준비는 선생님들이 알아서 잘 하겠지요. 학생들에게 하는 말입니다. "우리 학교에 들어왔으면 당연히 선생님 수업을 잘 들어야 하는 거 알지? 아직 선배들에게 소문 못 들었나 보구나. 엄청 재미있고 살아있는 수업이라고."

학생들의 학습 욕구를 자극하기 위해서는 수업의 목표와 방향을 명확하게 제시해야 합니다. 그리고 수업에 대한 전문성을 보여 주어야 합니다. 교사의 권위는 자기 영역에 대한 전문성을 바탕으로 생깁니다. 학생들이 해당 수업 시간을 통해 무언가 배울 수 있고 의미 있는 활동이 이루어진다고 여기게 되면, 학생들은 대체로 잘 따라오게 됩니다. 학습자의 특성을 이해하고, 학생들에게 필요한 정보를 지속적으로 제공하며, 학생들과 소통하는 수업 방법을 지속적으로 고민해야 합니다. 하지만 모든 학생이 나의 수업에 잘 참여해야 한다는 강박관념을 버리는 것도 필요합니다.

51   학교에서 공개 수업을 하라고 해요. 어떻게 준비해야 할까요?

제일 좋은 방법은 신뢰할 수 있는 주변 동료 선생님들에게 고민을 털어놓는 거예요. 공개 수업은 선생님이라면 누구나 경험하는 일이라서, 동료 선생님들도 부담을 안고 공개 수업을 열심히 준비했을 거예요. 동료 선생님들의 공개 수업 성공담 혹은 실패담 등 노하우를 들으면서 선생님만의 공개 수업 계획을 구체화하는 게 좋습니다. 또한 선생님이 열심히 준비했다고 하더라도 학생들과 호흡이 잘 맞지 않으면 수업을 진행하는 내내 선생님이 굉장히 힘들어질 수 있어요. 같은 수업이더라도 반에 따라 반응이 제각각인데요, 평소 수업을 할 때 선생님과 호흡이 잘 맞는 반을 공개 수업 대상 반으로 지정하면 조금 더 수월하게 수업을 진행할 수 있을 거예요. 선생님의 공개 수업을 응원합니다!

공개 수업은 준비하고 발표하면서, 좀 더 나은 수업을 만들어 가는 과정입니다. 하지만 동료 선생님들 앞에서 수업을 하는 일 자체가 부담되는 것이 사실이죠. 한가득 걱정되는 공개 수업, 이렇게 준비해 보세요.

첫째, 지역의 동료 선생님들과 공개 수업 팀을 꾸려 수업을 함께 준비해 보세요. 동료 선생님들과 공동으로 교수-학습 지도안을 작성하고, 수업에 활용할 PPT나 수업자료도 함께 만들어 보세요. 혼자 준비하는 것보다 수업 준비에 대한 부담을 덜 수 있고, 수업에 대해 협의할 동료가 있다는 사실에 든든해질 거예요.

둘째, 선배 선생님에게 수업안 및 수업 내용에 대한 피드백을 요청해 보세요. 선배 선생님과 준비한 수업에 관한 이야기를 나누다 보면 미처 생각하지 못한 부분을 발견할 수도 있어요. 수업을 준비하는 동안 여러모로 꼼꼼히 공부할 수 있고, 수업 후에는 수업에 대한 다양한 의견을 들을 수 있어서 더욱 성장하는 기회가 될 거예요.

52 고등학교 교양 선택과목을 개설할 수도 있나요?

최근 교육부에서는 학교 현장의 자율성을 확대하는 측면에서 그 근거를 마련하고 있습니다. 교육부에서 발표한 2022 개정교육과정(시안)에는 학생 과목 선택권을 강화하고, 학생들의 자기주도적 학습 능력과 성장 잠재력을 키울 수 있도록 고교학점제를 전면적으로 도입할 거라는 내용이 담겨 있습니다. 교육부는 지역 특성에 맞는 다양한 수업 혁신이 학교 현장에서 이루어질 수 있도록 단위학교 교육과정을 편성·운영할 수 있는 자율권도 확대하고 있습니다. 과목별 기본학점을 5단위에서 4단위로 축소하고 이수학점 증감의 폭을 ±1로 조정하여 다양한 선택과목 개설 및 교육과정 편성의 유연성을 확보하는 등 학교 교육과정 운영의 자율성을 점차 확대하고 있습니다. 교육부에서는 국가, 지역, 학교 교육과정의 역할을 다음과 같이 제시하고 있습니다.

국가 교육과정	• 초·중등학교 교육 목적과 목표 달성을 위한 전국 공통 교육과정의 일반적인 기준과 내용
	• 학교 자율시간 도입을 위한 교육과정 운영 근거를 총론에 마련 • (교과) 한 학기 17주 기준 수업시수를 16회로 개발하고 1회 분량은 자율 운영할 수 있도록 내용요소와 성취기준 등을 유연하게 개발
지역 교육과정	• 국가 교육과정을 기준으로 지역의 특수성과 학생의 교육적 필요를 반영하여 시도교육청 등이 개발·운영하는 교육과정
	• 지역과 학교의 교육 여건 등에 적합한 기준과 내용 개발, 지역 특색을 살린 선택과목 및 체험활동 개발·운영(시도교육청 개발 가능) ※ (예) 지역 생태환경, 인공지능으로 알아보는 우리 고장, 지역과 민주시민, 역사체험 등
학교 교육과정	• 국가와 지역 교육과정을 기준으로 학생, 학부모, 교사, 지역 주민의 관심과 교육적 필요를 반영하여 학교에서 개발·운영하는 교육과정
	• 지역과 연계한 다양한 교육과정 및 프로젝트 활동 편성·운영, 학교 자율적으로 지역 연계 선택과목 개발·활용, 교과 교육과정(지역 연계 단원 구성, 성취기준 등)에 대한 교사의 교육과정 편성·운영 자율권 확대

사서교사의 경우 교양 선택과목을 개설하여 학생들을 지도할 수 있습니다. 2022 개정교육과정(시안)에 따르면 교양 교과는 교육과정 편성·운영을 고려하여 기본이수학점을 3 ± 1학점으로 조정할 수 있습니다. 개별 학교가 필요에 따라 교육과정에 명시되지 않은 새로운 과목을 개설할 경우 교양 교과(군) - 진로선택으로 편성이 됩니다.

53 고등학교 교양 진로선택과목을 개설한 사례가 있나요?

제가 과목을 개설한 적 있습니다. 고교학점제 추가교육과정으로 여러 학교 학생들을 지도하고 있습니다.

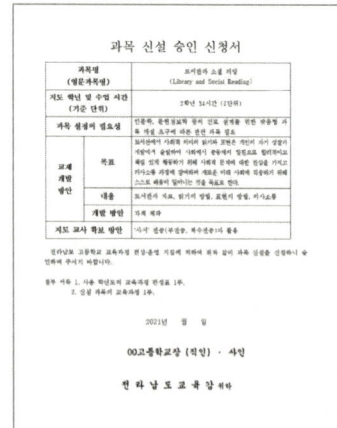

6

변하는 도서관, 반하는 도서관

한 건축학자가 창의적인 생각은 공간에서 나온다고 말했습니다. 창의적인 생각을 중시하는 시대에는 학교 공간도 변합니다. 학생들에게 더 나은 공간을 제공하려고 노력하는 학교도서관은 재구조화, 공간 혁신을 통해 이전과는 전혀 다른 공간으로 변하고 있습니다. 자료를 담는 공간에 머무르지 않고 학생들의 생각이 움틀 수 있는 공간으로 탈바꿈하고 있습니다. 여기저기 도서관이 변하고 있다는 소식이 빠르게 전해집니다. 그러나 선뜻 공간 변화에 도전할 엄두가 나지 않습니다. 학교도서관에서 수업하고 프로그램을 진행하는 일도 만만치 않은데, 적게는 몇 천만 원에서 몇 억 단위의 돈이 투자되는 사업을 진행하는 일이 부담스럽습니다. 다른 학교도서관에 견학을 다녀오는 일부터 시작해서 학생들을 설계에 참여시키고, 공사 기간에 수만 권의 자료를 옮기고, 공사 상황을 점검하고, 다시 정리하는 일은 듣기만 해도 힘들어 보입니다.

물리적 공간만 변하는 것은 아닙니다. 코로나19로 가상의 공간이 학교로 성큼 다가왔습니다. 학교도서관이 없는 학교도서관! 모순처럼 들리는 말이 현실이 되었던 순간들을 기억하지요? 유튜브, 줌, 패들렛, 온라인 클래스 등 학교도서관 수업 및 프로그램이 온라인 공간에서 펼쳐지면서 혼란스러웠습니다.

이번 장은 변하고 있는 학교도서관 공간과 가상의 공간이라는 주제에 접근했습니다. 배움의 물리적 공간이 혁신적으로 변하고 있습니다. 교육부에서는 이것을 공간혁신이라는 사업으로 진행하고 있지요. 코로나19로 인해 온라인 공간, 가상의 공간이 학교에 빠르게 뿌리내리고 있습니다. 이와 관련해서 학교도서관 차원에서 논의할 만한 내용들을 정리했습니다.

54 학교도서관 재구조화 과정은 어떻고, 체크해야 할 요소는 무엇인가요?

리모델링? 재구조화?

시간이 지남에 따라 노후화된 건축물의 구조나 설비 등의 기능 향상을 위해 수선하거나 일부 증축하는 행위를 보통 리모델링remodeling, 리노베이션renovation, 리폼reform이라고 합니다. 반면에 건축물의 기능 향상과 함께 조직, 운영, 서비스 향상 등을 포괄적으로 재편하는 일을 재구조화restructuring라고 합니다. 도서관의 재구조화는 건축 공간의 기능적, 미적 가치를 극대화하고 공간 환경을 고도화하는 리모델링을 포함하며, 서비스 및 조직, 운영 등을 재편하여 도서관의 역할과 기능을 향상시키기 위한 포괄적인 방안을 의미합니다.

재구조화 프로세스

1. 학교도서관 공간 재구조화 논의: 사전 협의 및 계획 수립, 관련 규정 검토, 관련 사업 신청 등
2. 전문가 컨설팅 및 우수 도서관 견학: 전문가 및 관계자 컨설팅 요청
3. 이용자 요구 파악: 이용자 면담 및 설문조사 등 학교 구성원의 의견 수렴
4. 학교도서관 재구조화 추진 위원회 구성: 사서교사, 건축전문가, 교직원, 학생 등
5. 설계: 시공업체 선정 및 건축 설계 방향 논의, 협의를 통한 의견 수렴 등
6. 시공: 시공 내용 확인 및 검수
7. 마감: 필요 비품 구입 및 마감 처리

재구조화 진행 시 유의 사항

학교도서관 재구조화 사업을 진행하다 보면 배가 산으로 가는 경우가 종종 있습니다. 단순히 경력과 보직으로 학교도서관 재구조화 추진위원회를 구성하는 경우 발생할 수 있는 문제입니다. 재구조화 위원회는 학교도서관에 대한 이해가 높은 사람을 초빙하는 것이 좋습니다. 도서관에 자주 방문하거나 도서관 서비스에 대해 관심이 많고 학교도서관 활용수업 등의 경험이 있

는 사람들과 함께 사업을 진행하는 것이 여러모로 유리합니다. 해당 학교에 이런 사람이 없는 경우에는 외부 위원을 위촉하는 것도 좋습니다. 또 하나 유의할 점은, 업체 선정 시 해당 업체가 도서관 재구조화 경험이 있는지, 학교도서관에 대한 이해가 있는지 등을 면밀히 살피는 것입니다. 특히, 서가를 교체하거나 옮기는 과정에서 분류기호에 대한 이해 없이 책을 벽돌옮기듯이 옮길 경우, 공사 후 뒷수습이 너무도 어렵습니다. 업체가 선정되면 계획부터 마감까지 꼼꼼하게 논의하고 조율하는 것이 반드시 필요합니다.

학교도서관 재구조화 시 고려 사항

연번		체크 사항	점수표			비고
			상 (5점)	중 (3점)	하 (1점)	
1	공간구성	도서관의 면적이 충분히 확보되어 있는가	상	중	하	
2		도서관의 접근성이 좋은가	상	중	하	
3		서가 여유 공간이 30% 이상 되는가	상	중	하	
4		서가 위치 및 배치가 적절한가	상	중	하	
5		대출 반납대의 모양과 위치가 적당한가 (노후상태도 확인)	상	중	하	
6		교수·학습 공간이 갖추어져 있는가	상	중	하	
7		교수·학습 공간 외 별도의 열람 공간, 쉼터가 적절한가	상	중	하	
8		게시판 또는 전시공간이 확보되어 있는가	상	중	하	
9		교수학습준비실(교사 업무 공간)이 있는가	상	중	하	
10	시설	전체 조명의 밝기가 적당한가	상	중	하	
11		바닥이 고르고 안전한가	상	중	하	

12	시설	천장은 석면공사가 되었는가	상	중	하
13		벽면의 상태가 안전한가 (균열, 곰팡이 등 확인)	상	중	하
14		냉·난방기가 면적에 맞게 설치되었는가	상	중	하
15		공기청정기가 면적에 맞게 설치되었는가	상	중	하
16		탕비시설이 갖추어져 있는가 (냉장고, 개수대 등)	상	중	하
17	가구	서가의 내구성은 적절한가	상	중	하
18		열람용 책걸상이 규모에 맞게 확보되어 있는가	상	중	하
19		책 운반기가 있는가	상	중	하
20		도서 반납함이 있는가	상	중	하
21		정기간행물 서가가 있는가	상	중	하
22	기자재	도서검색용 컴퓨터가 충분한가	상	중	하
23		대출반납용 컴퓨터가 충분한가	상	중	하
24		복합기(프린터, 스캐너, 복사기 등)가 설치되어 있는가	상	중	하
25		전자칠판, 빔프로젝터 및 스크린이 설치되어 있는가	상	중	하
26		음향기기(스피커, 마이크, 앰프 등)가 갖추어져 있는가	상	중	하
27	기타	도서관 안내판 및 사인물이 비치되어 있는가	상	중	하
28		소화기가 잘 보이는 곳에 위치하고, 개수가 충분한가	상	중	하
29		방염 블라인드가 설치되어 있는가	상	중	하
30		RFID 시스템이 구축되어 있는가	상	중	하
총점					

(출처: 전남학교도서관 연구회)

55 학교도서관 재구조화를 하려고 합니다. 학교도서관 공간 기준이 궁금해요.

학교도서관의 규모나 공간에 대한 국제적인 수준의 공통된 기준은 존재하지 않습니다. 하지만 IFLA/UNESCO(2015)에서는 일반적으로 학교 건물 1층 중앙, 교실과 인접한 공간, 소음이 적은 곳, 조명이 충분한 곳, 장서 보존과 학습에 알맞은 실내온도, 이용자의 요구를 고려한 실내 공간, 인쇄자료·전시 공간, 독서 및 학습 공간의 적절한 배치, 정보기술 변화에 따른 복합 공간 등을 언급하고 있습니다.

우리나라의 학교도서관 공간에 대한 규정은 어떨까요? 우리나라의 학교도서관진흥법과 한국도서관협회(KLA)의 『한국도서관기준』에서는 학교도서관 공간에 대한 기준을 제시하고 있습니다. 또한, 문화체육관광부는 매년 전국 도서관 운영평가를 통해 다양한 도서관 공간에 대한 기준을 제시하고, 그 기준에 따라 평가를 합니다. 이와 관련된 내용은 국가도서관통계시스템(www.libsta.go.kr)에서 찾아볼 수 있어요. 그러나 위 기준들에서는 변화하는 교육환경에 적합한 학교도서관 공간에 대한 제언을 찾아보기 어렵습니다. 사실, 학교도서관의 공간에 대한 여러 기준을 적용하여 학교도서관 재구조화를 수행한다는 게 쉽지는 않습니다. 구체적인 항목을 일부 언급하고는 있지만, 이런 포괄적인 기준으로 학생들이 원하는 시설과 환경을 갖춘 도서관을 구체적으로 계획하기는 어렵습니다. 그러므로 위 기준들을 최소한의 기준으로 생각하고 접근하는 것이 좋겠습니다.

일부 지역교육청에서는 학교도서관 공간에 대한 원칙과 기능 등을 제안하는 매뉴얼을 제공하고 있습니다. 이런 자료는 학교도서관 공간 구성의 실제 사례를 제시하기도 해서, 학교도서관 재구조화 사업을 진행할 때 좋은 참고자료가 될 수 있습니다.

각 교육청에서 발행한 학교도서관 공간 관련 자료

- 경상남도교육청, 행복한 학교를 만드는 학교도서관 공간구성(2020)
- 경상남도교육청, 미래교육을 위한 학교도서관 공간혁신 모델 개발(2020)

- 경기도교육청, 「오늘도 북(book)돋우며」 학교도서관 '공간', '운영' 우수사례집(2021)

- 제주도교육청, 2020 학교도서관 질 개선 추진학교 사진모음

- 한국교육개발원, 미래학교를 위한 학교공간 재구조화 매뉴얼(2018)

학교도서관진흥법 시행령 제8조에 의해, 각 시·도 교육감이 학교도서관 시설 및 자료의 구체적인 기준을 정하고 있습니다. 재구조화 사업을 추진할 때, 시·도 교육청의 학교도서관 공간 기준과 사례를 참고할 수 있습니다. 그리고 이러한 자료를 참고하되, 학교 구성원들의 의견 수렴을 통해 우리 학교에 가장 적합한 도서관 재구조화 방향과 기준을 수립하는 것도 중요합니다. 도서관은 모든 학교 구성원이 이용하는 장소이며 독서, 교수-학습, 문화체험 등의 다양한 활동이 이루어지는 공간이므로 학생과 교직원이 바라는 최적의 교육 활동이 이루어지는 공간이 될 수 있도록 각 학교에 맞는 기준을 만들면 좋겠습니다.

56 학교도서관 재구조화 사업을
진행하게 되었어요.
한정된 예산을 효율적으로
활용하려면 어떻게 해야 할까요?

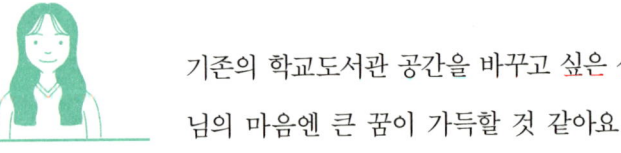

기존의 학교도서관 공간을 바꾸고 싶은 선생님의 마음엔 큰 꿈이 가득할 것 같아요! 낡은 서가도 바꾸고 싶고, 바닥도 예쁘게 바꾸고 싶고, 오래된 소파도 바꾸고 싶고. 이렇게 원하는 걸 하나씩 적어 보면 막상 학교도서관 재구조화 사업비로 받은 예산이 턱없이 부족하게 느껴집니다.

한정된 예산으로 사업을 효율적으로 진행할 수 있는 몇 가지 방법을 소개합니다. 첫 번째, 나라장터에서 물품을 구입할 땐 학교와 같은 지역 내 업체인지 확인합니다. 간혹 같은 지역이 아닌 경우 배송비 문제가 발생할 수 있어요. 물품을 조금 더 저렴하게 구입하고 싶다면 같은 지역 업체의 물품인지 확인하는 것이 좋습니다.

두 번째, S2B를 활용합니다. 한정된 예산으로 구입하고 싶은 물품이 있다면 행정실에 협조를 구하고 S2B를 통해 조금 더 저렴하게 구입할 수 있는지 문의해 보세요.

세 번째, 주변 학교도서관 선후배, 동료 선생님들에게 조언을 구합니다. 학교도서관 재구조화 사업을 진행했던 선생님들에게 어떤 물품이 좋은지, 실제로 사용해 보니 어떤지 등의 정보를 얻으세요. 더 좋은 방법은 재구조화 사업을 진행한 학교도서관이나 공공도서관 등을 직접 방문하는 거예요. 실제로 탐방해서 정보를 얻는다면 더 만족스럽게 사업을 진행할 수 있을 거예요.

도서관 운영자는 평소에도 학교도서관 공간 구성에 대해 많은 관심을 가져야 한다고 생각합니다. '수업 공간을 더 효율적으로 활용하려면 어떻게 바꾸는 게 좋을지', '북큐레이션 공간을 어디에 만들 수 있을지', '소파를 바꾼다면 어떤 디자인이 좋을지' 이러한 생각을 바탕으로 틈틈이 필요한 비품을 찾아보고 정리해 놓는다면, 나중에 도서관 재구조화를 더욱 효율적으로 진행할 수 있을 것입니다.

첫째, 교부받은 예산 중에서 순수 공사비로 사용할 수 있는 금액과 가구 및 비품을 구입할 수 있는 금액이 얼마인지 확인해 보세요. 교육청에서 내려오는 재구조화 사업비에는 보통 공사비와 물품구입비의 비율이 정해져 있어서, 그 범위 내에서 집행해야 합니다. 오래된 가구나 비품이 많아서 물품 구입에 더 많은 예산을 쓰고 싶은데 그렇게 못할 수도 있으니, 예산 범위를 살펴보세요.

둘째, 학교 구성원들이 희망하는 공간 구성 요소 및 배치 구조가 설계 시 꼼꼼하게 반영되도록 하세요. 각 공간 구성의 적절성과 동선을 고려하여, 공사비 내에서 최적의 학교도서관 공간이 구성되도록 확인해야 합니다.

셋째, 구입할 가구와 비품의 우선순위를 정해 보세요. 학교도서관 시설 기준과 현재 학교도서관에 비치된 가구와 비품을 체크하면서 구입할 물품의 리스트를 작성합니다. 정해진 예산 내에서 구입할 수 있는 범위를 정해서 집행하고, 그 외에는 순차적으로 학교도서관 예산을 편성하여 구입하는 것도 좋습니다.

학교도서관 재구조화를 효과적으로 진행하기 위해서는 학교도서관의 물리적인 공간과 학교도서관 이용의 주된 목적 등을 고려해야 합니다. 그래서 평소에 학교도서관의 장단점, 이용자의 특성과 요구 등을 내밀하게 파악하는 것이 필요합니다. 이러한 과정은 한정된 예산을 어디에 집중할 것인지 결정할 때 도움을 줍니다.

예산 규모도 중요하지만, 예산이 반영되는 시기도 고려해야 합니다. 즉, 실제 학교도서관 재구조화 사업의 예산이 본예산으로 반영되는 경우와 추경으로 반영되는 경우를 모두 고민해야 합니다. 본예산에 반영되는 경우에는 연간 계획을 수립하여 계획적으로 사업을 진행할 수 있다는 장점이 있습니다. 하지만 추경의 형태로 예산이 배정된다면 재구조화의 전략을 수립하는 데 필요한 물리적인 시간이 부족할 수도 있습니다. 사서교사가 평소에 학교도서관 재구조화의 방향을 고민하지 않는다면 사업이 제대로 이루어지기 어려울 수 있습니다. 지속적으로 이용자의 요구와 의견을 파악하고, 선진 도서관 탐방이나 국내외 사례를 수집하는 등 도서관 개선방안을 계획적으로 점검할 필요가 있습니다.

 재구조화 사업을 하고 2~3년 안에 학교를 옮기는 경우가 많습니다. 저도 재구조화 사업을 진행한 학교에 발령받은 적이 있는데요, 개인의 취향이 많이 반영되었더라고요. 개인의 선호도에 따라 예쁘지만 튼튼하지 못한 가구들이 있고, 표준화되지 않게 서가가 배열되어 있고, 무리하게 도서관을 확장하여 비효율적인 동선으로 이루어진 도서관은 후임자에게 커다란 짐이 됩니다. 예산을 투입했기에 바꾸지도 못하고 고장 난 의자를 계속 사용하는 불편함을 겪게 되는 것이지요. 개인의 취향을 반영하지 않을 수는 없으나 표준화된 공간 기준을 지키고, 지속 가능한 도서관 운영을 고려하여 예산을 활용할 필요가 있습니다.

57 국내외 복합화 시설을 견학하거나 엿보고 싶어요. 좋은 사례를 추천해 주세요.

국내외 공공기관 복합화 시설 사례

기관명	공간	특징	QR코드
경상북도 콘텐츠 진흥원	첨단제작 스튜디오, 창조아트리움, 페테리아, 상상 회의실, 멘토링실, 스튜디오, 라키비움, 3D 프린팅실, 개인작업실, 공동작업실	새로움을 추구하고 창조하는 문화 커뮤니티 공간. 아이들 중심의 다양한 책 비치, 놀이 2D 및 3D 영화 상영. 미술 공간, 휴식 공간, 이야기교실 등 도서관, 정보관, 자료관, 전시관, 초록뜰 공원 등으로 구성.	
국립아시아 문화전당 라이브 러리파크	일반도서열람실, 특별열람실, 기획관, 주제 전문관, 비디오파크, 수장고, 대나무 정원	다채로운 문화적 경험 제공. 아시아의 새로운 문화자원을 관람할 수 있는 주제 전문관 및 기획관 구성. 방대한 디지털자료, 최적화된 열람공간과 체험, 커뮤니티, 휴식 공간 제공.	

6_ 변하는 도서관, 반하는 도서관

한국원자력 연구원	원자력 분야의 도서관, 연구기록물 관리와 보존의 기록관, 역사관 박물관, 원자력 연구의 전시 공간	국내 최초 정부출연연구소의 라키비움. 다양한 공간 활용과 모범적인 운영 방식으로 많은 정보기관과 도서관의 벤치마킹 대상이 됨.	
충남도서관 메이커스 페이스	3D 체험 공간, 학습 공간, 교육·창작 공간, 동영상 제작 공간, 레이저 작업 공간	전문 업체에 프로그램과 공간 운영 위탁, 책과 IT가 융합된 도서관형 메이커스페이스 구축 운영. 협력 공유를 통한 융복합형 창작 공간 조성, 다양한 계층의 메이커 체험 활동 제공.	
Library at The Dock (호주)	길이 55.3m 폭 18.1m 3층 건물, 호주 최초 녹색별 등급 공공건물, 디자인·건축상 수상, 메이커스페이스 운영, 자료실, 녹음 스튜디오, 창의적 편집실, 커뮤니티 공간, 대규모 공연장	다양한 창작기술 시설, 활동을 제공하는 개방 공간. 다양한 작업장과 활동에 사용할 수 있는 3D프린터, 로봇 전자 제품 키트, Raspberry Pi, Little Bits 등 도구와 시설 구비. Adobe Creative Cloud 프로그램, 음악 및 비디오 편집 소프트웨어 등을 갖춘 Mac 컴퓨터, 게임 콘솔, 가상현실 장비, 컴퓨터 게임 보유.	
Children's Library Discovery Center (미국)	독서 공간, 열람 공간, 전시 공간, 지원 공간, 사이버 학습센터	곳곳에 다채로운 그래픽을 연출함으로써 어린이들에게 디자인에 대한 호기심을 자극하는 영감적 공간. 입구를 중심으로 전시 공간을 두고 프로젝트의 특성에 맞는 배치를 통해 유연하게 공간 활용.	
MCALLEN PUBLIC LIBRARY (미국)	어린이 공간, 열람 공간(독서 공간, 컴퓨터 공간), 청소년 공간, 사이버 학습센터, 소극장, 커뮤니티 공간(강당, 대회의실, 소회의실), 편의 휴게 공간, 지원 공간, 사무 공간	단층 공간 형태를 최대한 활용하기 위해 수직과 수평을 중심으로 커뮤니티와 편의 공간 마련. 공간을 다양한 색으로 분리함으로써 편의성과 심미성을 모두 만족할 수 있도록 구성. 미국 최대의 단층 도서관으로서 유연성을 극대화하기 위해 공간 중심에 편의 공간을 두어 공간을 분리.	

58 원하는 도서관의
공간 구성과 디자인이 있는데,
관리자와 행정실은 반대합니다.
어떻게 조율해 나가면 좋을까요?

학교 내 전체적인 상황과 분위기를 잘 알고 있는 관리자와 행정실 입장에서는 선생님이 원하는 디자인 방향을 조금 이상적이라고 느낄 수도 있습니다. 이럴 때는 학교도서관 이용자들의 다양한 요구사항을 문서로 정리하여 참고자료로 활용하면 좋습니다. 그리고 선생님이 꼭 필요하다고 생각하는 공간 구성과 디자인이 있다면 그것이 교육적으로 어떤 효과가 있을지 논리적으로 정리해 볼 필요가 있습니다. 학교도서관은 '이것이 교육적인가'라는 기준이 크게 적용되기 때문입니다. 또한 선생님이 꼭 해야 한다고 생각하는 부분에 대해서는 강력하게 주장하고, 상대적으로 덜 중요하게 생각하는 부분에 대해서는 관리자와 행정실의 요구에 일부 수긍하는 것도 좋습니다. 학교도서관 재구조화 사업은 끝날 때까지 관리자와 행정실의 협조가 필요한데, 이들과 사이가 나빠진다면 선생님이 힘들어질 수 있으니까요.

도서관 내 사무 공간을 반영하면, 행정실에서 필요 여부를 묻는 경우가 있습니다. 행정실이나 관리자들의 경험을 무시할 수는 없지만, 이런 근거를 들어 설명하면 어떨까요?

첫째, 수서, 정리 업무를 위한 공간 필요합니다. 열람 공간에서 책을 펼쳐 놓고 업무를 보면 이용자들의 도서관 이용에 방해가 될 수 있습니다.

둘째, 사무 공간이 없는 도서관에서 단순 도서관 활용수업이 이루어질 경우 수업을 하는 선생님과 한 공간에서 함께 있어야 합니다. 수업을 하는 선생님도, 도서관 업무를 보는 선생님도 부담스럽습니다.

셋째, 학교 행사로 인한 휴관 시 사무 공간만 불을 켜거나 냉난방을 할 수 있어서 관리 비용을 절감할 수 있습니다.

넷째, 학생 상담 시 도서관의 일반 이용 학생들과 분리된 공간에서 상담할 수 있습니다.

다섯째, 도서관 운영자로서 도서관 관리상 필요합니다. 활동준비물품이나 수업자료 등을 보관할 수 있는 공간이 부족하니까요.

학교도서관 재구조화 예산을 집행하기 전, 학교도서관 재구조화 위원회를 통해 다양한 논의가 이루어져야 합니다. 위촉되는 위원은 학교도서관에 대한 이해가 높은 교사를 중심으로 구성하는 것이 좋습니다. 사서교사는 간사로 참여하여 학교도서관 재구조화의 전체적인 방향이나 목표 등을 제안할 필요가 있습니다. 위원회가 결정한 사항이라면 학교 관리자나 행정실의 간섭이 들어오기 어렵습니다. 학교도서관의 경영자는 사서교사입니다. 그러나 학교도서관은 모든 학교 구성원을 위해 존재합니다. 따라서 재구조화의 방향 역시 학교도서관 이용자의 의견을 수렴할 필요가 있으며, 다양한 이용자군이 포함된 위원회를 조직하여 논의하는 것이 바람직합니다. 별도의 조직을 만드는 것이 부담스럽거나 어려운 경우 학교도서관운영위원회를 통해 의견을 모아가는 것도 하나의 방법이 될 수 있습니다.

59 학교도서관 재구조화를 했더니
모든 회의를 학교도서관에서 해요.
회의 시간에는 학생들 출입이
어려워지는데 어떻게 하지요?

도서관은 모든 이용자들의 것이라는 것을 염두에 두어야 합니다. 잦은 독서동아리 모임이나 교직원 회의 때문에 다른 이용자들이 불편을 겪는다면, 적절한 선에서 모임이나 회의 시간을 제한해야 합니다. 예컨대 이용자들이 많은 점심시간이나 방과 후 1시간 정도는 도서관을 모임을 위한 공간으로 활용할 수 없고, 그 외에 이용자가 덜한 시간에는 모임이 가능하다고 공지할 수 있습니다. 이런 사항에 대해 사서교사가 단독으로 결정하고 공지한다면 이용자들의 반발을 살 수도 있습니다. 가장 좋은 방법은 학교도서관운영위원회 등을 통해 여러 사람이 함께 규칙을 정하는 거예요.

학교도서관의 이용자들을 대표하는 위원들과 함께 규칙을 정한다면 선생님의 고민도 해결되고, 모두가 납득할 수 있게 학교도서관을 운영할 수 있을 거예요.

사서교사가 학교의 모든 교사들이 어떻게 학교생활을 하고 어떻게 학생들과 교류하는지 잘 모르듯이, 모든 선생님들이 학교도서관을 잘 알 것이라고 생각하면 오산입니다. 선생님들을 대상으로 설명을 해야 할 때가 있고, 자신의 주장을 강하게 펼쳐야 할 때도 있습니다. 학교도서관을 회의 등의 공간으로 지속적으로 사용하려는 이용자가 있을 경우, 수업 활동이나 학생들이 자주 이용하는 시간과 최대한 겹치지 않게 조정하도록 해야 합니다. 장기적으로는 학교도서관의 정상화를 위해 회의나 모임을 할 수 있는 별도의 공간을 마련하는 방법을 강구해야 합니다. 무엇보다 학교도서관을 담당하는 사서교사의 목소리가 중요합니다. 학교도서관이 본래 목적에 따라 운영될 수 있도록 관리자나 이용자에게 지속적으로 의견을 전달해야 합니다.

60 관계 형성에 유용한 온라인 툴과 사용 예시를 알려 주세요.

 다양한 온라인 툴은 시공간을 초월한 학교도서관 운영을 가능하게 만들어서 도서관을 비대면으로 운영해야 할 때 유용하게 활용할 수 있습니다. 온라인 툴 중에는 평소에 도서관에서 활용하기 좋은 것도 있습니다. 관계를 형성하기 좋고 이용하기 쉬운 온라인 툴로는 카카오톡과 유튜브가 있는데, 이를 적절하게 활용한 학교도서관의 사례를 소개합니다.

카카오톡 채널 활용

- 인천한빛초등학교 도서관

- 용인한빛초등학교 도서관

- 대전은어송중학교 도서관

- 원묵중학교 도서관

- 화순고등학교 도서관

- 김포고등학교 도서관

유튜브 활용

채널 이름	특징	QR코드
잠시, 독서	청소년들이 읽기 좋은 책과 학교도서관에서 온라인을 활용하는 방법 등을 소개	
은세계의 학교도서관	학교도서관을 운영하면서 고민할 법한 내용들, 수업에 활용하기 좋은 내용들	
충북사서교사 연구회	충청북도의 사서교사 활동 홍보와 학교도서관 운영에 도움이 되는 다양한 자료	
사서교사 Park쌤	초등학교 사서교사의 온라인 수업과 대면 수업의 기록	
은어송꿈터	중학교 도서관에서 진행하는 다양한 독서 프로그램과 운영에 필요한 정보	

 저는 온라인 툴 자체보다 어떤 내용으로 접근하는지가 더 중요하다고 생각합니다. 저는 아래 3가지 방법이 관계를 형성하는 데 효과적이었습니다.

먼저, 놀이를 활용해 보세요. 비대면으로도 놀이가 가능합니다. 저는 유튜브에서 '도란노'라는 채널을 보고 비대면 게임에 대한 영감을 얻었습니다. 이 유튜브 채널은 실제로 게임할 때 사용할 수 있는 PPT를 다운받을 수 있게 해 놓았습니다. 저도 자료를 받아서 유용하게 사용했습니다.

둘째, 함께할 수 있는 공동의 일에 대해 생각해 보세요. 저는 학생들과 구글 문서를 공유해서 같은 주제, 목적으로 글을 함께 썼습니다. 생각보다 효과가 좋습니다.

셋째, 카카오톡 단체방에서 할 수 있는 '두근두근 선물 게임'을 이용합니다. 이 기능을 활용해서 가끔 선물을 쏠 때가 있었습니다. 단톡방에서 선물 게임을 했더니 몇몇 학생이 돌아가면서 '선물하기'를 하더라고요. 랜덤 또는 선착순으로 지정한 인원에게만 선물을 줄 수 있는 게임입니다.

61 온라인 독서토론 수업을 진행할 때 학생들에게 책을 어떻게 읽히지요?

원격으로 독서토론 수업을 진행할 경우, 학생들이 책을 어떻게 읽느냐가 문제가 됩니다. 도서관에서 책을 빌릴 수도 없고, 학생 개개인이 다 책을 구입하기도 어렵습니다. 어떤 선생님이 이런 고민을 하다가 온 책 읽기를 포기하고 발췌독으로 수업을 진행하는 것을 본 적 있습니다. 그 선생님에게 전자책을 권했지만 그마저도 여의치 않더군요.

저도 비슷한 고민을 하다가 무작정 출판사에 전화해 보기로 했습니다. '생각학교'라는 출판사의 『저수지의 아이들』이라는 책으로 수업을 진행하려고 했거든요. 이 책을 수업에서 사용하고 싶은데 원격 수업 때문에 학생들이 책을 대출할 수도

없고, 형편이 어려운 학생들에게 책을 사라고 강권하기도 어렵다는 사정을 출판사에게 말했습니다. 며칠 뒤 출판사에서 학생들이 다운로드하지 못하도록 책을 스캔해서 공유하는 것과 이 내용을 수업 기간에만 사용하는 것을 허락했습니다.

그래서 온라인 수업을 진행할 때, 구글클래스룸에서 '보기'만 가능하도록 하여 학생들에게 차시별로 읽을 수 있을 만큼의 분량을 JPG, PDF 파일로 공유했습니다. PDF 파일은 생각보다 용량이 커서 학생들이 다운받아서 읽기에는 어려움이 있었지만 선명하다는 장점이 있었습니다. JPG 파일은 용량이 작아서 ZOOM을 이용하면서 파일을 열더라도 속도가 느려지지 않는 장점이 있었습니다. 학생들을 대상으로 저작권 교육을 진행해서 학생들이 책 내용을 캡처하지 못하도록 했습니다. 또한 수업 시간에 읽은 부분을 정리할 수 있게 활동지를 제시했고, 모두 읽은 후 토론을 진행했습니다.

포노 사피엔스인 아이들은 모니터나 스마트폰으로 책을 쉽게 읽어 나갔습니다. 그럼에도 등교 수업을 하면서 보니 몇몇 아이들 손에 『저수지의 아이들』 책이 들려 있었습니다. 종이책으로 읽어야 제대로 읽는 느낌이 든다는 아이, 전에 화면을 보면서 읽을 때보다 감동이 훨씬 크다고 하면서 페이지를 넘기는 아이를 목격하기도 했습니다. 진부한 표현이지만 뜻이 있는 곳에 길이 있었습니다.

한동안 펜데믹으로 인해 온라인 기반의 토론 활동이 활발하게 이루어졌습니다. 온라인 토론은 면대면 토론에 비해 장점도 많습니다. 특히, 시공간의 제약 없이 자유롭게 토론할 수 있다는 게 가장 큰 장점이죠. 토론에 활용되는 자료도 이러한 상황을 고려할 필요가 있습니다. 온라인을 기반으로 토론을 할 경우, 활용할 수 있는 자료는 매우 다양합니다. 신문기사나 학술자료 등을 비롯해 유튜브 영상도 토론 수업을 할 때 얼마든지 활용 가능합니다.

반드시 책을 활용하겠다면 장편보다는 단편이 좋습니다. '오 헨리'나 '안톤 체호프'의 단편선을 추천합니다. 그림책을 활용한 토론도 좋습니다. 최근에는 구독형 전자도서관 서비스를 활용하는 곳이 늘어나고 있습니다. 구독형 서비스를 사용할 경우 비용이 많이 발생하지 않아서, 개별 학교에서도 충분히 이용을 고려할 수 있을 것입니다.

62 온라인으로 운영하는 독서토론동아리를 오프라인만큼 할 수 있을까요?

온라인으로 실시하는 활동은 모임 분위기를 공유한다거나 집중력을 발휘한다거나 소통하기가 오프라인보다 어렵습니다. 이러한 단점을 극복하기 위해서는 온라인 모임이지만 함께한다는 느낌을 주는 여러 장치를 활용하는 게 좋습니다. 온라인 독서토론동아리를 진행할 때 활용하기 좋은 플랫폼을 소개합니다.

이름	특징	활용 사례	QR코드
Thinker Bell	게임 형식의 참여형 수업 시 활용할 수 있는 사이트로 실시간 퀴즈, 접착식 메모지 공간 등 다양한 기능을 제공함	책에서 마음에 드는 구절을 필사해서 사진으로 찍고 실시간으로 공유하도록 할 경우 활용함	

도구	설명	활용	QR
Padlet	하나의 작업 공간에 많은 사람이 동시에 들어와서 접착식 메모지를 붙여 놓는 작업이 가능함	독서토론 전에 많은 이들의 의견을 실시간으로 공유하고, 그 의견을 한눈에 볼 수 있도록 할 때 활용함	
Kahoot	게임 형식의 참여형 수업 시 이를 활용해 실시간 퀴즈 또는 미리 만들어 둔 퀴즈를 제공할 수 있음	함께 토론할 책의 내용을 대략적으로 확인하기 위해 카훗의 퀴즈 기능을 활용함	
Google Jamboard	구글에서 제공하는 온라인 화이트 보드 기능으로 실시간으로 포스트잇을 활용하여 다양한 사람들과 의견을 나눌 수 있음	핵심 키워드에 대한 자신의 의견을 포스트잇을 활용하여 시각적으로 표현 및 공유할 수 있도록 할 때 활용함	
ZOOM	실시간으로 만나 다양한 자료를 공유하며 화상회의를 할 수 있음	독서토론을 실시할 때 2~3명씩 소규모 그룹으로 나눠 서로 의견을 공유한 후, 전체적으로 모여 각 소그룹에서 나온 의견을 전체와 공유할 때 활용함	
Flipgrid	온라인 교실을 만들고 거기에 3분 이내의 영상을 찍어 올릴 때 활용하는 무료 온라인 소셜 비디오 플랫폼	핵심 키워드에 대해 자신의 생각을 3분 이내의 영상으로 촬영하여 공유할 수 있도록 함	
Google Classroom	구글이 학교를 위해 개발한 교육 플랫폼으로 구글 드라이브, 구글 독스, 구글 미트 등 다양한 온라인 학습도구를 지원함	독서토론에 필요한 문서, 영상, 사진 등 다양한 자료들을 실시간으로 공유할 수 있도록 할 때 활용함	

63 학생, 교사, 학부모가 함께할 수 있는 독서 프로그램을 비대면으로 운영할 수 있는 방법이 있을까요?

 다양한 온라인 툴을 활용한 비대면 온라인 독서프로그램 사례를 소개합니다.

교육공동체가 함께하는 '온라인 30일 독서 챌린지'

이 프로그램은 방학 기간을 활용하여, 30일 동안 각자 읽고 싶은 책을 자유롭게 읽고 매일 마음에 드는 문장을 필사하여 온라인으로 인증하는 방식으로 진행됩니다. 교육공동체가 함께 30일이라는 독서 목표를 정하고 각자 읽고 있는 책을 공유함으로써 독서 의욕과 흥미를 고취시킬 수 있습니다.

- 프로그램 신청 카카오톡 채널

- 30일 독서 챌린지 유튜브 안내 영상

교육공동체가 함께하는 유튜브 생방송 북콘서트

북콘서트를 유튜브 라이브 방송 기능을 활용하여 비대면으로 진행했습니다. 실시간 채팅 기능을 통해 학생, 교사, 학부모와 소통할 수 있었고, OBS 스튜디오를 활용하여 자막과 음악 효과 등을 적용할 수도 있었습니다.

- 교육공동체가 함께하는 북콘서트

- 사제드림 프로그램

64   도서관 소식지를 발행하고 있는데 아이들이 잘 챙겨 보지 않아요. 온라인 소식지는 좀 나을까요?

학교에서는 다양한 소식과 행사를 주로 인쇄 형태로 학생들에게 안내합니다. 교실에 위치한 게시판을 보면 수많은 안내물이 뒤죽박죽 섞여 있는 것을 어렵지 않게 볼 수 있습니다. 너무 많은 정보가 학생들에게 전달되는데, 학교도서관 소식이 다른 정보와 동일한 형태로 제공될 경우 학생들의 관심을 끌기가 어렵습니다. 최근 학교도서관 SNS 마케팅에 관한 연구를 수행하면서 SNS를 활용하여 학교도서관 활동에 대해 안내하고 교육을 하는 사서교사들의 만족도가 상당히 높다는 것을 알게 되었습니다. 이는 학생들이 페이스북, 인스타그램, 카카오톡 등의 소셜 미디어를 활용해 학교도서관 소식을 접하는 것을 선호한다는 의미이기도 합니다. 따라서 인쇄 형태의 게시물이나 소식지보다는 웹 기반 매체를 활용하여 학생들에게 소식을 전달하는 것이 더 효과적인 방안이 될 수 있습니다.

SNS는 접근성도 뛰어나지만 공유하는 방법도 쉽고 다양합니다. 도서부 학생들을 통해 SNS로 도서관 소식을 전달한다면 큰 효과를 얻을 수 있을 것입니다. 방법도 간단합니다. SNS를 이용하여 학교도서관 페이지를 만들고, 학교도서관 입구에서 도서관 페이지의 QR코드를 제시하면 누구나 쉽게 시간과 공간에 구애받지 않고 소식을 접할 수 있습니다. 이처럼 SNS를 활용한다면 학생들은 자신의 모바일 기기를 통해 학교도서관과 관련된 다양한 소식을 언제 어디서든 쉽게 접할 수 있게 될 것입니다.

 학교도서관을 비대면으로 운영해야 하는 상황이 늘면서, 카카오톡 채널을 활용하여 도서관 소식을 전하는 경우가 많아지고 있습니다. 하지만 채널을 제대로 관리하지 않으면 학생들이 잘 챙겨 보지 않을 것입니다. 반면에 채널의 다양한 기능을 적절히 활용한다면 학생들이

더욱 관심을 가질 것입니다. 카카오톡 채널의 다양한 기능을 활용할 수 있는 팁을 소개합니다.

메인 화면이 게시판? 모음 이미지?

카카오톡 채널에서는 메인 화면의 형식을 선택할 수 있습니다. 메인 화면이 게시판인 경우에는 각 게시글에 대한 정보를 세세하게 볼 수 있고, 모음 이미지인 경우에는 게시글에 포함된 이미지들을 한눈에 볼 수 있습니다. 학교도서관에서 진행하는 프로그램의 세부적인 내용을 전달하고자 한다면 전자를 활용하는 게 좋겠죠? 카카오톡 채널을 활용하는 주요 목적을 염두에 두고 메인 화면을 설정하는 건 어떨까요?

예쁜 이미지를 활용하여 시선 끌기

온라인을 통해 정보를 전달할 때는 카드뉴스나 인포그래픽처럼 시각적으로 관심을 끌어야 합니다. 이는 카카오톡 채널에서도 마찬가지입니다. 단순히 글만 올리는 것보다 올린 내용에 어울리는 이미지를 함께 올리면 이용자의 흥미를 끌 수 있습니다. 저작권 걱정 없이 활용할 수 있고 다양한 이미지 소스를 무료로 제공하는 사이트를 소개합니다.

- 미리캔버스: 유튜브 썸네일 제작할 때 유용하게 활용 가능

- Pixabay: 다양한 사진, 일러스트, 영상 등 무료 제공

- flaticon: 다양한 픽토그램 무료 다운로드 가능

카카오톡 채널에서 웰컴 메시지, 채팅방 메뉴 등 활용하기

카카오톡 채널에서 제공하는 웰컴 메시지나 채팅방 메뉴 등 다양한 기능을 활용한다면 더욱 효과적으로 1:1 채팅을 할 수 있습니다.

- 웰컴 메시지 만들기: 카카오톡 채널 관리자센터 로그인 후 [메시지]-[웰컴 메시지]를 누릅니다. 이를 통해 카카오톡 채널 1:1 채팅을 처음 이용하는 이용자에게 자동으로 전송되는 메시지를 설정할 수 있습니다.

- 채팅방 메뉴 만들기: 카카오톡 채널 관리자센터 로그인 후 [비즈니스 도구]-[채팅방 메뉴]를 누릅니다. '채팅방 메뉴'는 입력창 하단에 노출되는 메뉴창으로, 이용자가 이를 누르면 자동으로 이미

지나 링크가 포함된 메시지가 전송됩니다.

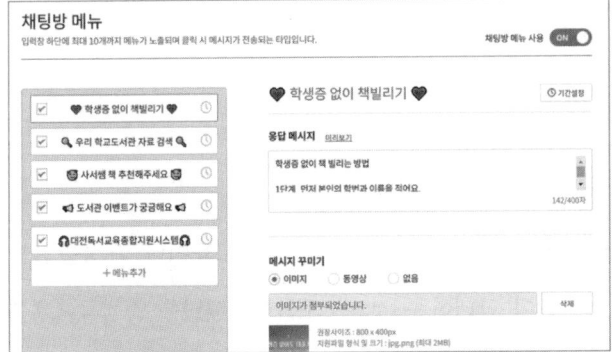

카카오톡 채널 '채팅방 메뉴' 만들기

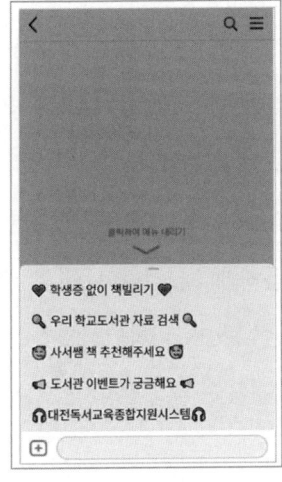

채팅방에 적용된 모습

- 자동 응답 메시지 만들기: 카카오톡 채널 관리자센터 로그인 후 [1:1 채팅]-[채팅 설정]을 누르면, 채팅이 가능한 요일, 시간대를 지정할 수 있습니다. 이용자가 지정된 요일과 시간대에 메시지를 보

> 내면 채팅불가능 안내 메시지가 전송될 수 있도록 설정할 수 있습니다.

채널을 자주 활용해요!

학교도서관 채널을 학교도서관 이용교육이나 가정통신문 등을 활용하여 안내하는 것만으로는 그 채널을 학생들에게 확실하게 인지시키기 어렵습니다. 도서관을 운영하거나 수업을 진행할 때, 학교도서관 프로그램을 메신저로 안내할 때 등 수시로 학교도서관 채널을 활용하고 안내해야 학생들이 채널을 기억합니다. 또한 학생증이 없어도 카카오톡 채널을 활용해 책을 대출할 수 있게 해준다거나, 학교도서관 자료검색 사이트를 연동해서 휴대폰을 통해 직접 도서검색이 가능하도록 한다면 학생들은 도서관 채널을 수시로 이용하게 될 겁니다. 결국 학교도서관 채널을 골고루 활용하는 것이 중요합니다!

업데이트에 힘써요!

카카오톡 채널을 만들어 놓고 애정을 갖지 않고 수시로 들어가지 않는다면 이용자의 발걸음도 멈추게 될 것입니다. 수시로 게시물을 업데이트하고 틈틈이 확인하여 학교도서관 채널이 꾸준히 관리되고 있다는 인식을 학생들에게 심어 주어야 합니다.

도서관 소식지를 인쇄물로 발행한 경험이 여러 번 있는데요, 한 코너 한 코너 정성껏 작성해서 배부해도 이용자에게 제대로 읽히지 않고 버려지는 경우가 많았습니다. 요즘에는 학교에서 사용하는 가정통신문 앱을 활용해서 온라인으로 소식지를 안내하고 있습니다. 스마트폰으로 간편하고 손쉽게 접속할 수 있어서인지, 소식지를 챙겨 보는 아이들이 많아졌어요. 소식지에 실린 추천도서를 도서관에서 찾는 학생들도 있고, 소식지 퀴즈에 참여하는 학생도 훨씬 늘었습니다. 학부모도 소식지를 살펴볼 수 있어서, 가족이 함께할 수 있는 프로그램에 학생과 부모가 적극적으로 참여하기도 합니다. 인쇄물 형태의 소식지를 발행하는 것이 고민된다면, 온라인 방식으로 발행하는 것을 추천합니다.

궁금하지만 물어보기엔 애매한
학교도서관 이야기

1판 1쇄 발행 2022년 5월 4일
1판 2쇄 발행 2023년 6월 5일

지은이	황왕용, 임정훈, 구혜진, 김주애
펴낸이	한기호
책임편집	서정원
편집	여문주, 박혜리, 송원빈, 이선진
디자인	블랙페퍼디자인
본부장	연용호
마케팅	하미영
경영지원	김윤아
인쇄	예림인쇄
펴낸곳	(주)학교도서관저널
출판등록	제2009-000231호(2009년 10월 15일)
주소	서울시 마포구 동교로 12안길 14 3층
전화	02-322-9677
팩스	02-6918-0818
전자우편	slj9677@gmail.com
홈페이지	www.slj.co.kr

ISBN 978-89-6915-127-8 03370

책값은 뒤표지에 있습니다.